GÄRTEN IM WESERBERGLAND

Eine Reise zu Parks und Gärten entlang der Weser

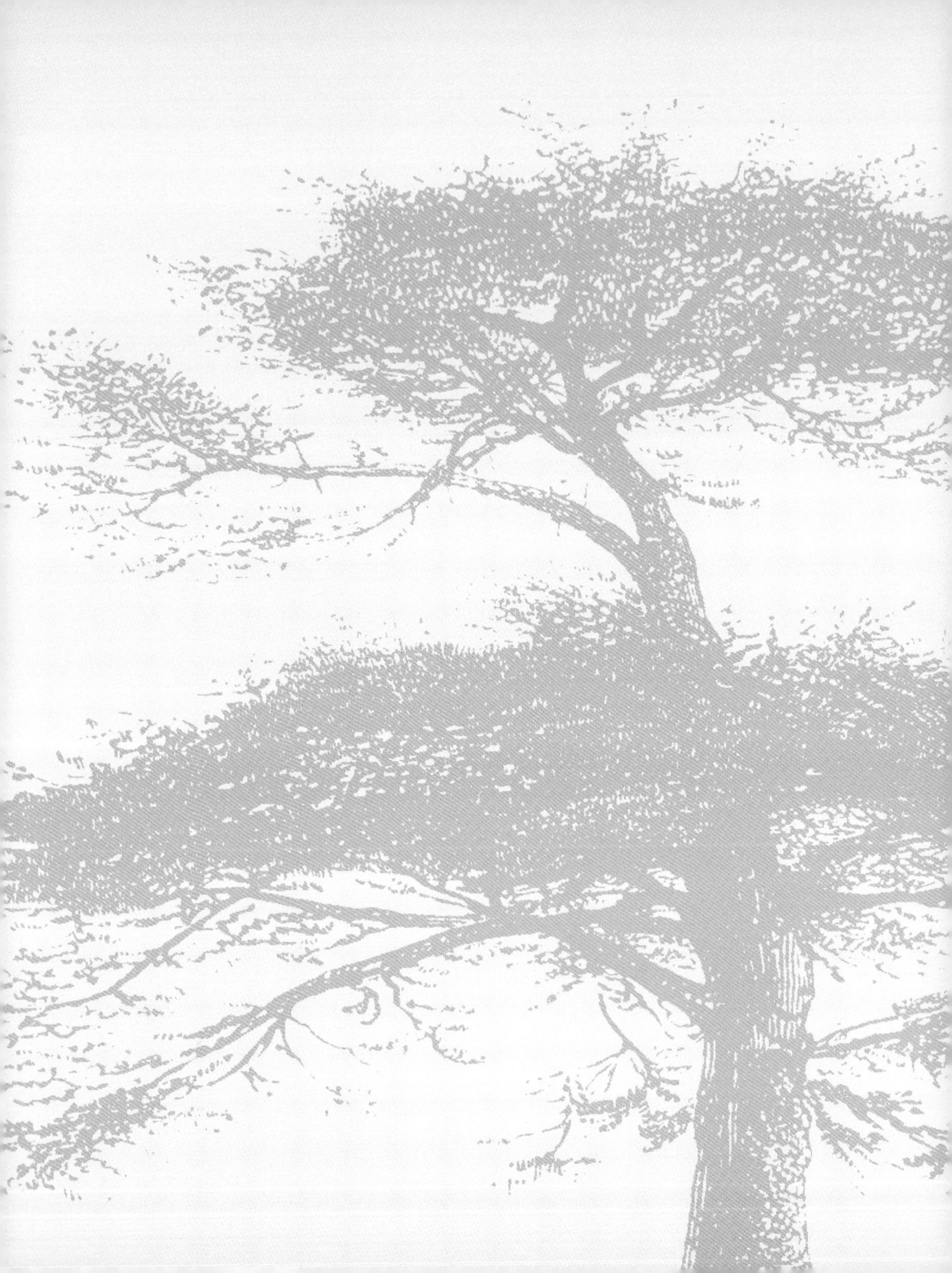

Petra Widmer

GÄRTEN IM WESERBERGLAND

Eine Reise zu Parks und Gärten entlang der Weser

Bearbeitet von Henning Dormann

Herausgeber:
Schaumburger Landschaft
Landschaftsverband Südniedersachsen e.V.

Verlag Jörg Mitzkat
Holzminden 2018

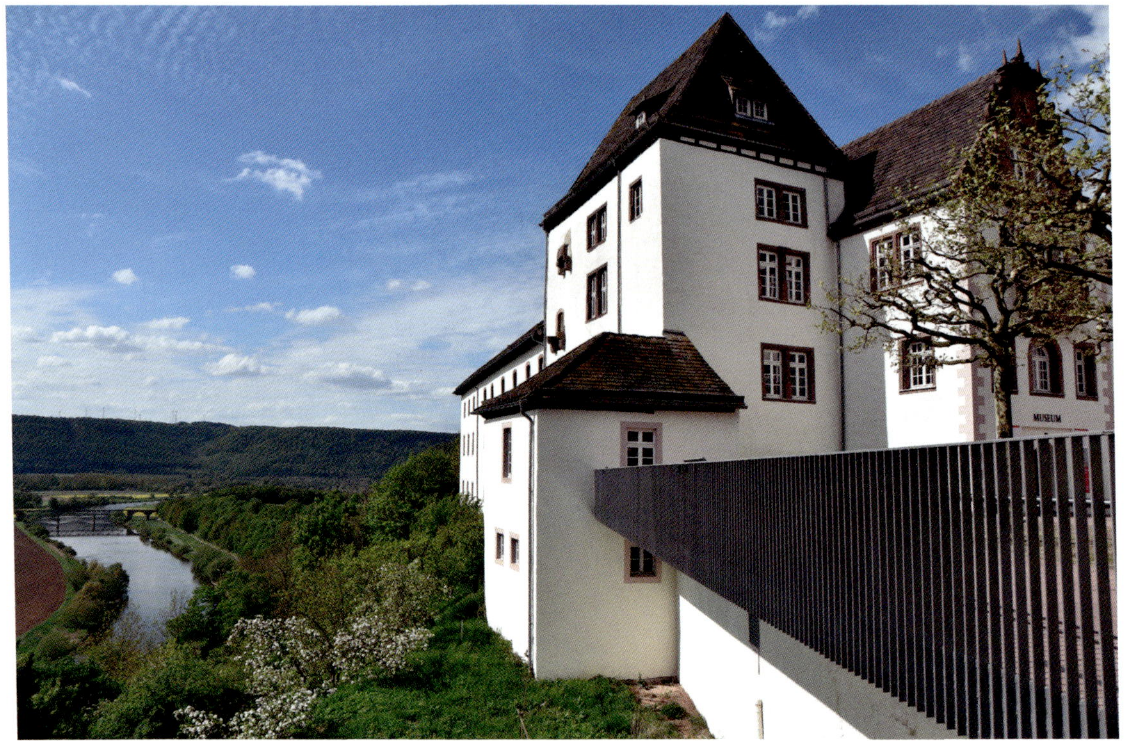

Bibliografische Information der Deutschen Nationalbibliothek
Die Deutsche Nationalbibliothek verzeichnet diese Publikation
in der Deutschen Nationalbibliografie; detaillierte bibliografische Daten
sind im Internet über http://dnb.ddb.de abrufbar.

Aktualisierte und ergänzte Neuauflage, die Erstauflage erschien 2004.

Herausgegeben von:
Schaumburger Landschaft
Landschaftsverband Südniedersachsen e.V.

Redaktion, Lektorat und Bearbeitung: Henning Dormann
Die Texte stammen von Petra Widmer, mit Ausnahme der folgenden Beiträge, die von Henning Dormann verfasst wurden: Kurpark Bad Nenndorf (S. 15), Rittergut von Hammerstein Apelern (S. 22) Exkurs Süntelbuche (S. 49), Gut Meinbrexen (S. 86), Kurpark Bad Driburg (S.88)

Fotografie: Sigmund Graf Adelmann, Henning Dormann, Sigurd Elert, Jörg Mitzkat
Gestaltung: Jörg Mitzkat

ISBN 978-3-95954-053-7 Verlag Jörg Mitzkat, Holzminden 2018

INHALT

INHALT

EINLEITUNG 6

SCHLOSS HAGENBURG 14

KURPARK BAD NENNDORF 15

GUT VON MÜNCHHAUSEN APELERN 20

RITTERGUT V. HAMMERSTEIN APELERN 22

GUT REMERINGHAUSEN 24

SCHLOSSGARTEN STADTHAGEN 26

WALL STADTHAGEN 28

GARTEN BROCKMANN OBERNKIRCHEN 29

SCHLOSS BAUM 30

SCHLOSSPARK BÜCKEBURG 34

PALAISGARTEN BÜCKEBURG 38

PARK KLUS 39

KURPARK BAD EILSEN 40

WALLANLAGEN RINTELN 42

GUT EXTEN 44

STIFT FISCHBECK 46

PFARRGARTEN BEBER 48

EXKURS SÜNTELBUCHE 49

KURPARK BAD MÜNDER 50

RITTERGUT HASPERDE 52

RITTERGUT VOLDAGSEN 54

PETERLINDE COPPENBRÜGGE 55

RITTERGUT HAUS HARDERODE 56

RITTERGUT BEHRENSEN 57

RITTERGUT DIEDERSEN 58

JANSSENS PARK HAMELN 59

BÜRGERGARTEN HAMELN 60

RITTERGUT HASTENBECK 62

OHRBERGPARK 64

SCHLOSS SCHWÖBBER 66

SCHLOSS HÄMELSCHENBURG 68

KURPARK BAD PYRMONT 70

SCHLOSS HEHLEN 74

KLOSTER AMELUNGSBORN 75

RITTERGUT WESTERBRAK 76

SCHLOSS CORVEY 78

STIFTUNGSGUT FÜRSTENBERG 80

SCHLOSS FÜRSTENBERG 81

BÖKERHOF BÖKENDORF 82

SCHLOSS WEHRDEN 84

GUT MEINBREXEN 86

KURPARK BAD DRIBURG 88

TIERGARTEN SABABURG 90

BÜCHER ÜBER GÄRTEN 92

REGISTER 94

BILDNACHWEIS 96

EINLEITUNG

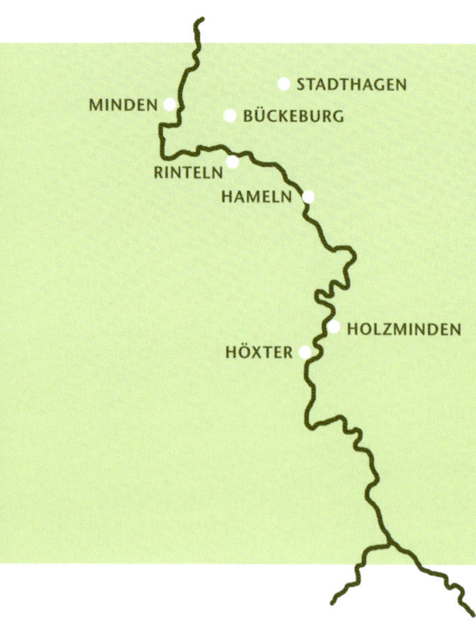

Gärten haben zu allen Zeiten die Menschen begeistert. Zumeist wurden keine Kosten und Mühen gescheut, um sich den Traum vom eigenen Paradies zu erfüllen. Auch das Weserbergland ist reich an diesen grünen Schätzen. Seit Jahrhunderten wurden zwischen Steinhuder Meer und Reinhardswald Gärten angelegt, gepflegt und verändert. So findet man in dieser Region heute eine Vielzahl von Schlossgärten, Kurparken, Klostergärten, Stadtparken, Gutsgärten, Wallpromenaden und Pfarrgärten, deren Entstehungszeit vom Mittelalter bis zum ausgehenden 20. Jahrhundert reicht.

Die frühesten Zeugnisse der Gartenkunst im Weserbergland sind bei den Klöstern anzutreffen, die im Mittelalter zur Bewahrung des Wissens über Gartenbau und Botanik beitrugen. Dabei überwog sicherlich zunächst der Nutzaspekt. Neben den großen Gemüsegärten gab es auch Kräuter- und Arzneigärten, wie sie in Amelungsborn und Fischbeck nachgebildet wurden. Die Obstgärten dienten oft gleichzeitig als Friedhof, ebenso wurden die Innenhöfe der Kreuzgänge zur Grablege genutzt. Meist sind sie durch ein Wegekreuz geviertelt, dessen Mittelpunkt durch einen Brunnen oder besonderen Baum betont wird. Solche Kreuzgänge haben sich in Fischbeck und Corvey erhalten.

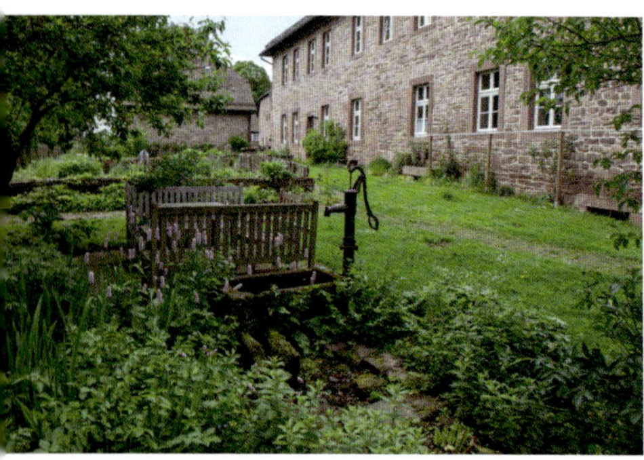

Klostergarten Amelungsborn

Im späten 16. Jahrhundert entstanden im Weserbergland zahlreiche prächtige Schlösser der Weserrenaissance. Durch den Getreidehandel, für den die Weser einen idealen Transportweg bot, erlebte die Region einen wirtschaftlichen Aufschwung. Weitaus mehr Geld noch ließ sich mit dem Kriegshandwerk erlangen. Adelige wie zum Beispiel Hilmar von Münchhausen oder Jürgen von Klencke waren als Söldnerführer tätig und kamen durch ihren Sold, ihren Anteil an der Beute und vielfach auch durch erpresstes Lösegeld für bedeutsame Gefangene zu großem Reichtum. Damit bauten sie imposante Schlösser wie Schwöbber, Hehlen und die Hämelschenburg. Aber auch viele Wohngebäude auf Rittergütern stammen aus dieser Zeit, so beispielsweise in Remeringhausen und Apelern.

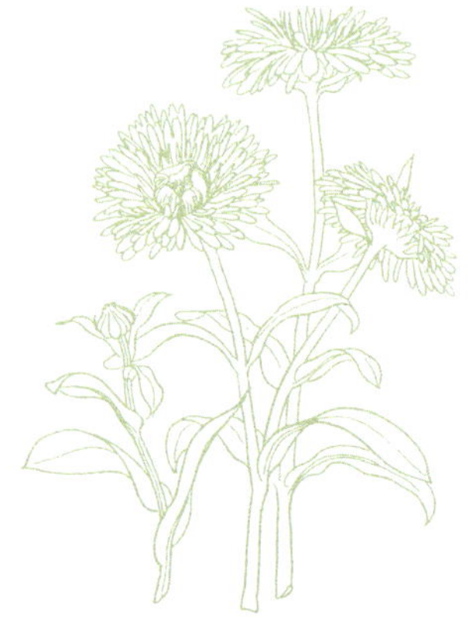

Die Wurzeln der Renaissance-Gartenkunst liegen in Italien, wo man Gärten gerne an terrassierten Hängen anlegte. Die einzelnen Ebenen waren durch Treppen und Rampen miteinander verbunden und mit rechteckigen Beeten geschmückt, auf denen Pflanzungen aus Buchs und Blumen geometrische Muster

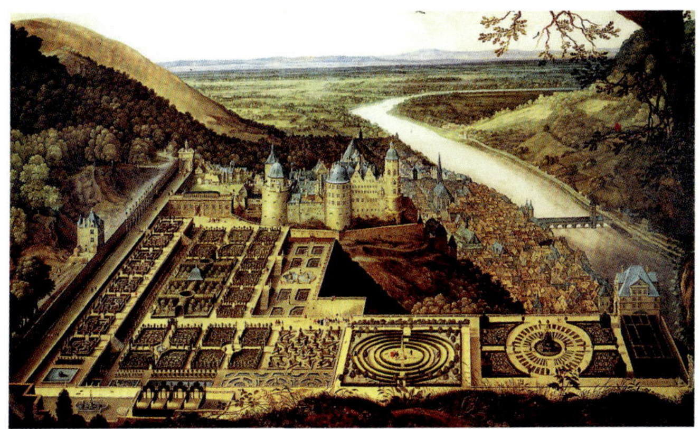

Hortus Palatinus in Heidelberg

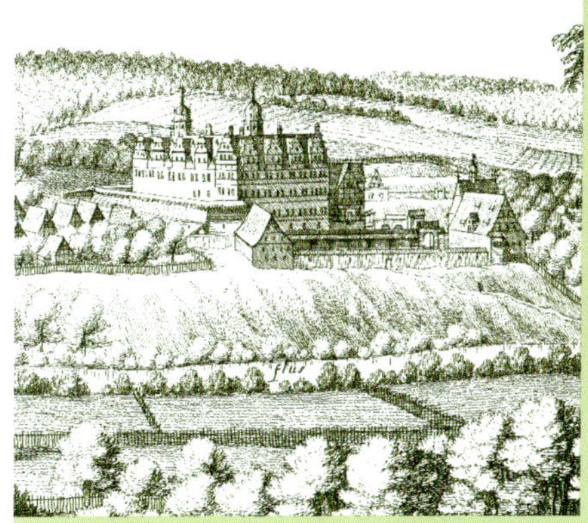

Merianstich der Hämelschenburg, 1654

bildeten. Hinzu kamen als weitere Ausstattungselemente Laubengänge, Wasserbecken, Springbrunnen, Heckenlabyrinthe und Figurenschmuck. Ein wichtiges Merkmal des Renaissancegartens ist die Aneinanderreihung der verschiedenen Gartenteile. Die einzelnen Elemente sind zwar in sich symmetrisch gestaltet, der gesamte Garten folgt jedoch keiner übergreifenden Ordnung, man könnte ihn an jeder beliebigen Stelle erweitern. Auch hat er keinen besonderen Bezug zum Gebäude, sondern liegt eigenständig im Hausumfeld. Ein anschauliches Beispiel ist der Hortus Palatinus in Heidelberg, der um 1620 angelegt wurde, und von dem heute nur spärliche Reste erhalten sind. Im Weserbergland sind keine Gärten der Renaissance erhalten, ihre Existenz ist aber

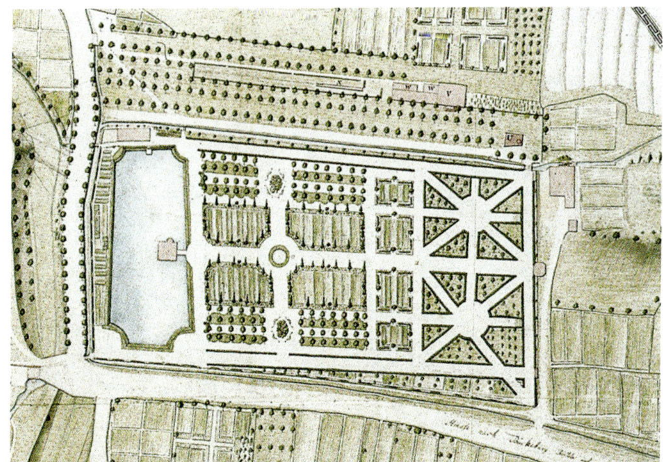

Schlossgarten von Stadthagen

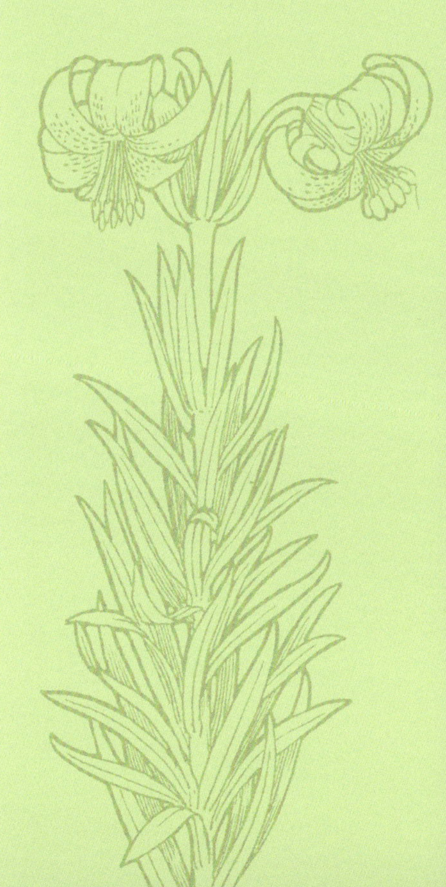

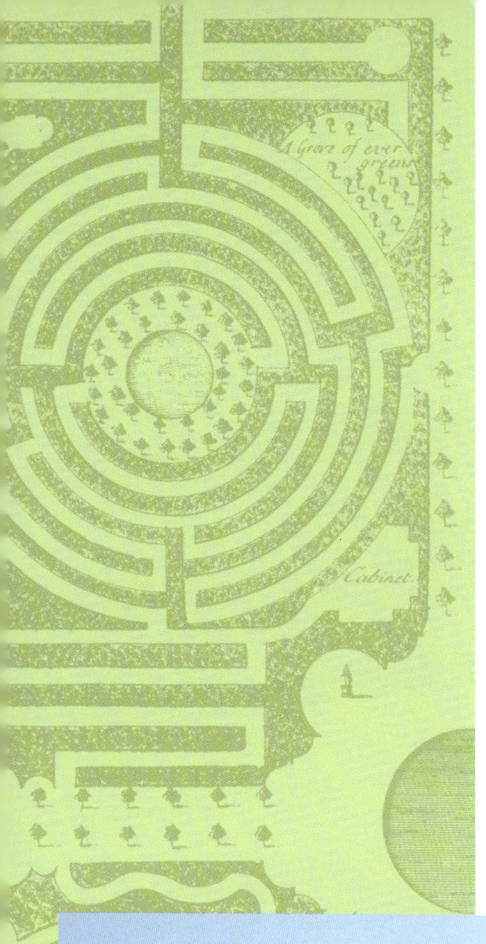

beispielsweise für Bückeburg und Hämelschenburg überliefert.

In der zweiten Hälfte des 17. Jahrhunderts bildete sich in Frankreich die barocke Gartenkunst heraus, weshalb man auch vom französischen Garten spricht. Der erste bedeutende Garten dieser Art war Vaux-le-Vicomte südlich von Paris, der 1656 bis 1661 von dem Gartenkünstler André Le Nôtre geschaffen wurde. In einem barocken Garten spielen im Gegensatz zum Renaissancegarten Axialität und Symmetrie in der gesamten Anlage eine große Rolle. Besonders wichtig ist die Ausrichtung auf das Gebäude, was in einer gartenbeherrschenden Mittelachse, die auf den Schlossmittelpunkt zuführt, Ausdruck findet. Entlang dieser Achse reihen sich sämtliche Gartenteile spiegelsymmetrisch auf. Vor dem Schloss liegt zunächst das Parterre, eine ebene Fläche, auf der, wie in der Renaissance, regelmäßige Beete angelegt sind. Ihr Schmuck besteht aus Blumenbeeten, geometrisch geformten Rasenflächen und aus Buchs gepflanzten Mustern, deren Zwischenräume mit farbigem Kies, Sand oder Ziegelbruch gefüllt sind. Daran schließen sich die Bosketts an, von geschnittenen Hecken gebildete Gartenräume. Weiterhin können Labyrinthe, Pavillons, Heckentheater und Wasserbecken mit Fontänen zum Ausstattungsprogramm gehören. Bäume und Hecken werden

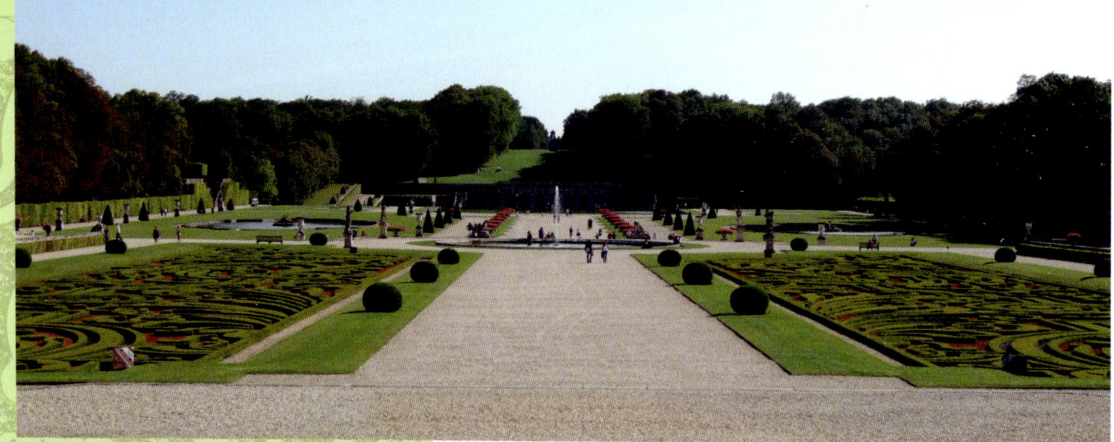

Vaux-le-Vicomte in Frankreich

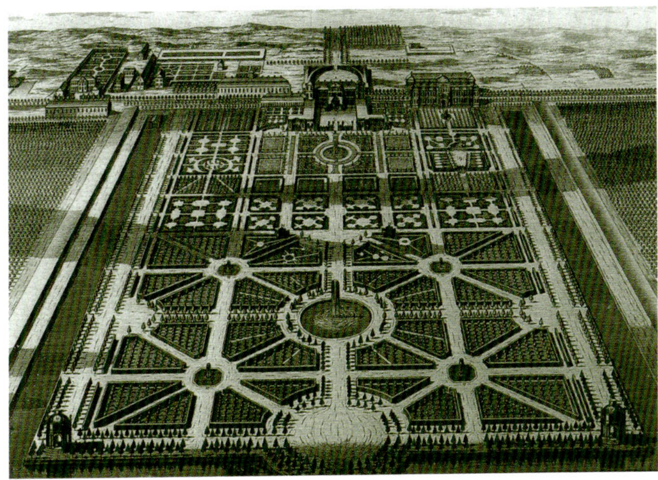

Großer Garten in Hannover-Herrenhausen

durch regelmäßiges Schneiden in Kasten- oder Pyramidenform gehalten. Unverzichtbar sind Vasen und Statuen aus Marmor, Bronze oder Sandstein. Sie stellen oft antike Gottheiten oder Personifizierungen der vier Jahreszeiten, der vier Elemente oder der vier (damals bekannten) Kontinente dar.

Manche Gärten werden von einem rechteckigen Wassergraben, einer Graft, gerahmt, wie der Große Garten in Hannover-Herrenhausen. Dieser war sicherlich Vorbild für viele Gärten im heutigen Niedersachsen, so auch für Stadthagen und Exten. Natürlich konnte nicht immer die Idealform des französischen Gartens verwirklicht werden, schließlich musste man auf die räumlichen und finanziellen Möglichkeiten Rücksicht nehmen. So war es durchaus üblich, Bosketträume oder Parterreflächen auch zum Anbau von Obst und Gemüse zu nutzen. Wo das Gelände es

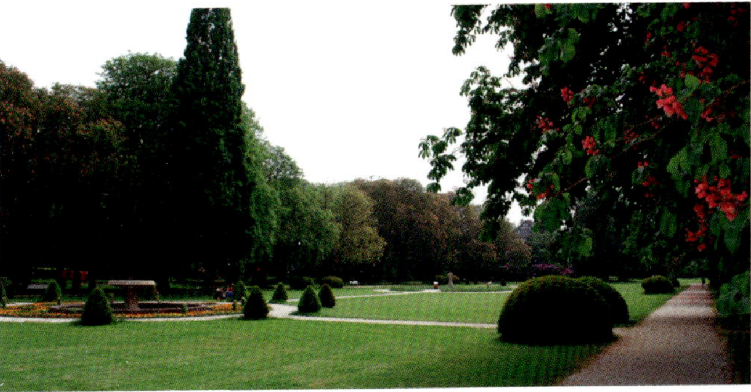

Schlossgarten in Stadthagen

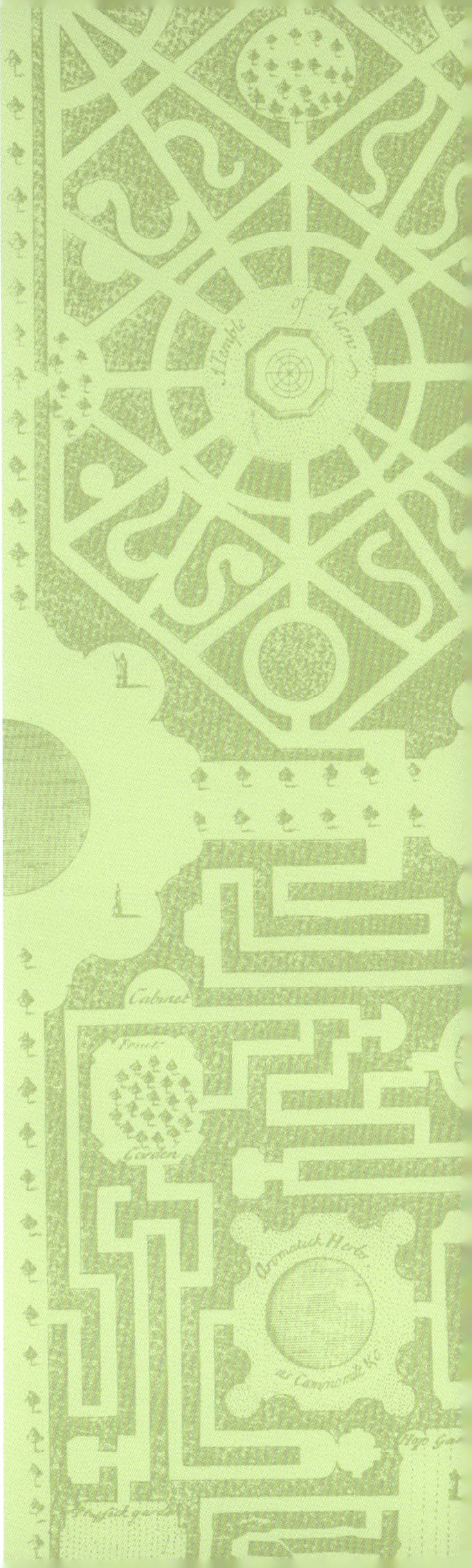

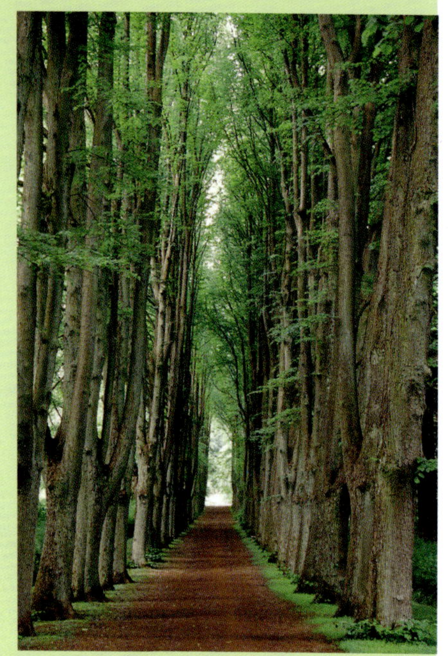

Bombergallee in Bad Pyrmont

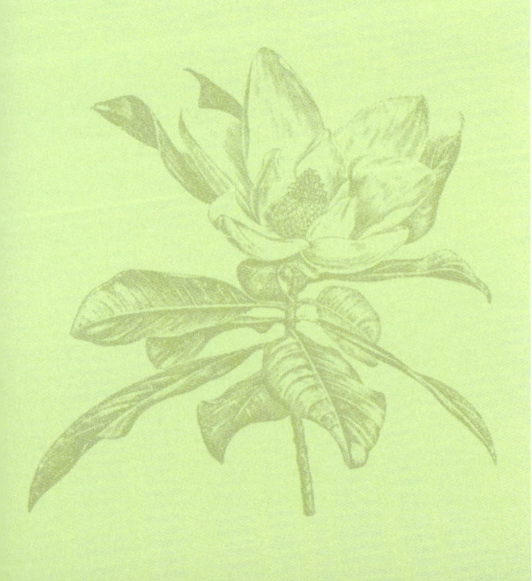

anbot, legte man Gärten auf mehreren Terrassen an, so in Adelebsen und Westerbrak. Eine besonders ungewöhnliche, ovale Grundrisslösung kam in Baum zur Ausführung.

Alleen sind ein wichtiges Gestaltungselement der barocken Gartenkunst. Man findet sie jedoch nicht nur innerhalb der Gärten als wegbegleitende Baumreihen. Oft führen sie aus dem Garten hinaus in die Landschaft oder als Zufahrtsallee auf ein Gebäude zu. Losgelöst von Gärten dienen sie auch als Wandelgänge in Kuranlagen wie Bad Pyrmont oder sie gliedern ein Jagdgebiet wie an der Sababurg.

Bereits zu Beginn des 18. Jahrhunderts kam es in England zu einem revolutionären Umschwung in der Gartenkunst, als man begann, sich von der Regelmäßigkeit abzuwenden. Die streng formalen Gärten wurden nun als Sinnbild für Unterdrückung und absolutistische Herrschaft angesehen. Dem wollte man Freiheit und Natürlichkeit entgegensetzen, weshalb die Natur zum Vorbild für die Gartengestaltung wurde. Mit weiten Wiesenflächen, malerischen Baumgruppen, natürlich geschwungenen Bächen und Teichen wurden betretbare Landschaftsbilder geschaffen. Oft rahmen Bäume kulissenartig eine Sichtachse, an deren Ende sich ein besonderer Blickfang befindet, sei es das Wohnhaus, eine Brücke, ein Gedenkstein, ein Teehäuschen oder eine andere Parkarchitektur. Doch nie gelangen die Spaziergänger auf direktem Wege zu diesem Point de Vue. Auf geschwungenen Wegen werden sie durch die Anlage geführt, hinter jeder Kurve erwartet sie ein neues Bild, eine neue Szenerie. Plötzlich befindet man sich vor dem lange zuvor erblickten Objekt, ohne recht zu wissen, wie man dort hingekommen ist. Die Wege werden zu stummen Führern im Landschaftsgarten. Das Wegenetz ist so geschickt geführt und abgepflanzt, dass man die anderen Wege nicht sieht und die Anlage beim Durchschreiten viel größer erscheint, als sie in Wirklichkeit ist.

In Deutschland begann man sich erst Mitte des 18. Jahrhunderts zögerlich für den Landschaftsgarten, auch englischer Garten genannt, zu erwärmen. Im Weserbergland befindet sich mit Schwöbber einer der frühesten Gärten, die sich in dem neuen Stil versuchten. Nach und nach kamen weitere dazu, zum Teil wurden

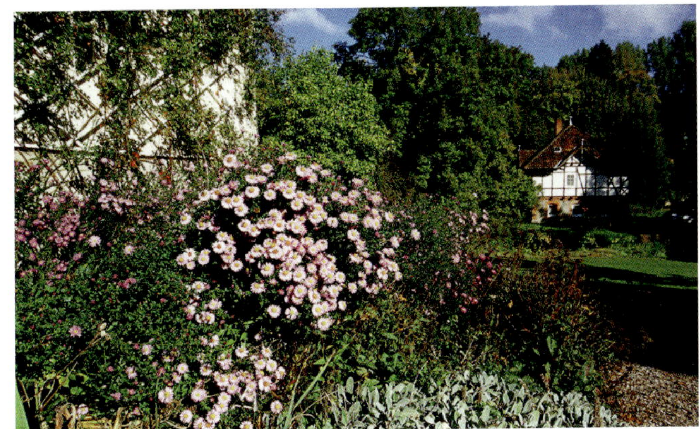

Gutspark Hasperde

sie neu geschaffen, wie die Klus oder der Kurpark in Bad Nenndorf, zum Teil wurden vorhandene regelmäßige Anlagen umgestaltet, wie der Bückeburger Schlossgarten. Besonders nach 1800 gehörte praktisch zu jedem Gut ein kleiner Landschaftsgarten; bei der Anlage dürften die engen verwandtschaftlichen Beziehungen des Adels im Weserraum eine hilfreiche Rolle gespielt haben. Beispiele sind Apelern, Behrensen, Diedersen, Hastenbeck, Meinbrexen und Remeringhausen. Auf Grund der vermehrten Erforschung des amerikanischen und des asiatischen Kontinents wurden viele exotische Pflanzen aus diesen Gebieten in Europa eingeführt und in den Landschaftsgärten angepflanzt. Besonders umfangreiche Sammlungen mit botanischen Raritäten entstanden beispielsweise auf dem Ohrberg und in Hasperde.

Das ganze 19. Jahrhundert hindurch wurde der landschaftliche Stil beibehalten, in Hausnähe verwendete man jedoch auch erneut regelmäßige Formen. Späte Beispiele, die um 1900 entstanden, sind Harderode und der Palaisgarten in Bückeburg. Gärten des 20. Jahrhunderts zeigen schließlich gleichberechtigt formale wie auch landschaftliche Gestaltungen. Beispiele für die 1950er bis 1970er Jahre findet man im Hamelner Bürgergarten, wie auch auf der Kurpromenade von Bad Eilsen. Die aktuellen Tendenzen der Gartenkunst können im Kurpark Bad Münder betrachtet werden.

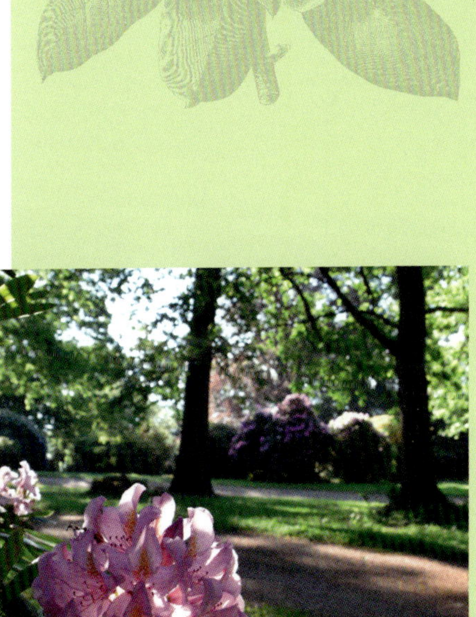

Ohrbergpark bei Hameln

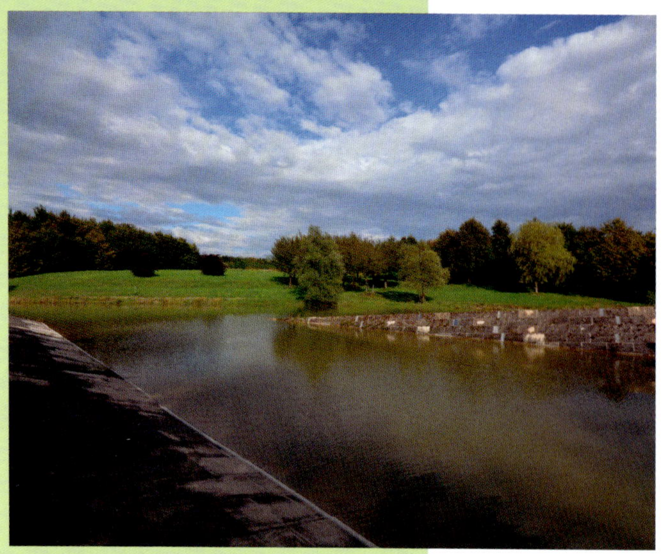

Kurpark in Bad Münder

Insgesamt 41 Gärten und Parkanlagen des Weserberglandes stellt das vorliegende Buch vor. Es lädt ein, sie zu besuchen und dabei den Alltag für einen Moment hinter sich zu lassen, Schönheit, Ruhe und Entspannung zu genießen, wie sie vielleicht nirgends besser empfunden werden können, als in einem Garten. Oder, wie es der schweizerische Landschaftsarchitekt Dieter Kienast formulierte:

„Der Garten ist der letzte Luxus unserer Tage, denn er fordert das, was in unserer Gesellschaft am Kostbarsten geworden ist: Zeit, Zuwendung und Raum."

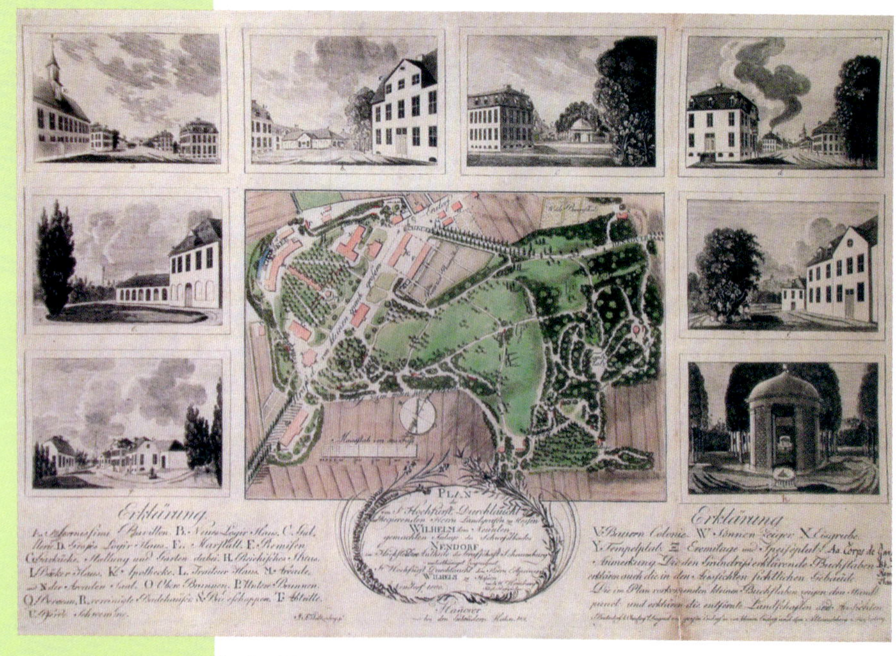

Plan des „Schwefelbades Nendorf" von George Wilhelm Homburg, 1801

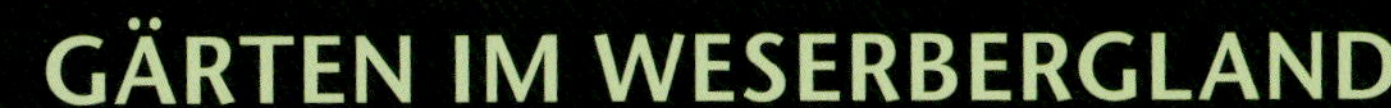
GÄRTEN IM WESERBERGLAND

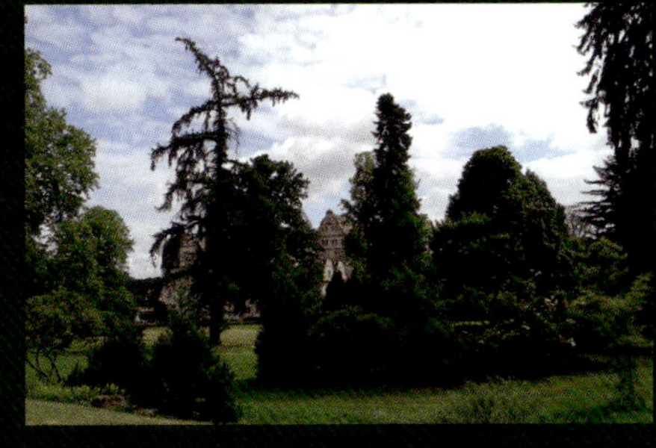

SCHLOSS HAGENBURG

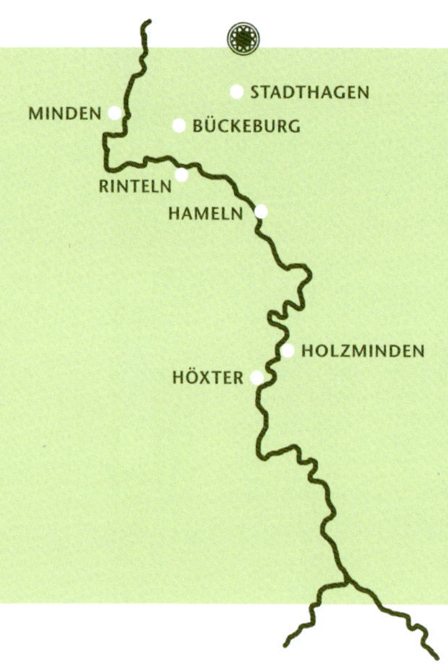

Schloss Hagenburg am Steinhuder Meer wurde anstelle einer mittelalterlichen Wasserburg errichtet und besteht heute aus zwei Flügeln: einem Fachwerkbau von 1686 und einem massiven Steinbau in klassizistischem Stil von 1799. Letzterer wurde von dem schaumburg-lippischen Hofarchitekten Vagedes für die Fürstin Juliane geplant. Zunächst als Jagdschloss genutzt, wandelte es sich im ausgehenden 18. Jahrhundert zum Sommersitz der fürstlichen Familie, der es bis ins 20. Jahrhundert blieb.

Am Schloss gab es bereits seit dem 17. Jahrhundert einen kleinen fünfeckigen Garten, der zunächst geometrisch gestaltet war und im späten 18. Jahrhundert landschaftlich umgestaltet wurde.

Das Prunkstück der Anlage ist jedoch eine etwa fünfhundert Meter lange Allee, die auf den Mittelrisalit des klassizistischen Schlossflügels zuführt. Sie ist bereits seit dem 18. Jahrhundert vorhanden und war zunächst mit Robinien und Pappeln bepflanzt. Zwischen 1913 und 1917 wurde sie in gänzlich anderer Weise erneuert. So beginnt sie heute am schlossentfernten Ende als kurze Pyramideneichenallee, geht dann aber über in zwei Reihen aus Rhododendren und dahinter gepflanzten Sumpfzypressen. Ein Gang durch diese Allee ist besonders im Mai zur Blütezeit der rosafarben blühenden Rhododendren ein ganz besonderes Erlebnis.

Links und rechts dieser ungewöhnlichen Allee liegt ein feuchtes Waldgebiet. Graf Wilhelm, der auch die Festung Wilhelmstein im Steinhuder Meer bauen ließ, nutzte im 18. Jahrhundert das Gelände um Schloss Hagenburg als eine Art Truppenübungsplatz und verteilte darin zahlreiche kleine sternförmige Schanzen. Reste davon sind im Wald heute noch zu erahnen. Auch ließ er den Stichkanal vom Steinhuder Meer bis direkt vor das Schloss Hagenburg graben. Durch das Waldgebiet führen heute einige Rundwege, auch sind zahlreiche Bäume mit Namen gekennzeichnet.

Im Übergang der Ortschaften Hagenburg und Altenhagen führt eine kurze Stichstraße von der B 441 nach Norden; Schloßstraße 21.

Die Allee ist öffentlich zugänglich.

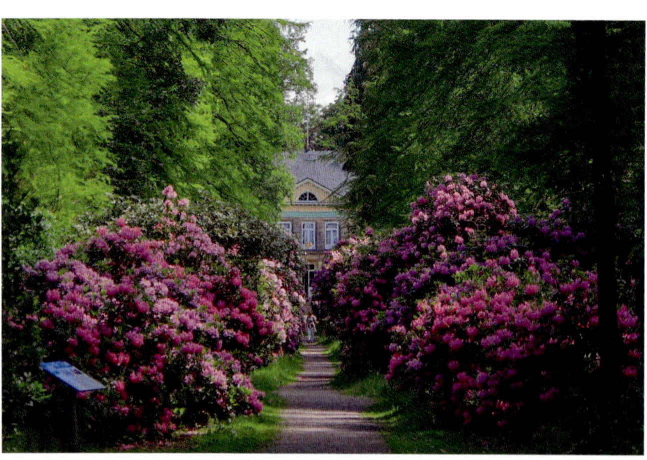

Allee aus Rhododendron und Sumpfzypressen

KURPARK BAD NENNDORF

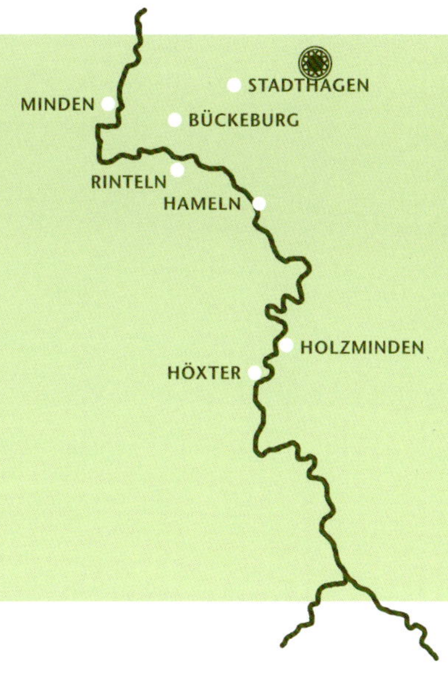

Seit jeher traten am Ortsrand des Dorfes Großen Endorf auf einer Wiese unterhalb der Heerstraße (heutige Promenade) Schwefelquellen zutage. Wegen des starken Geruchs wurde die Gegend im Volksmund „Auf dem Teuffels-Dreck" genannt. Zum ersten Mal wissenschaftlich beachtet wurden die Quellen 1546 von Georg Agricola, Arzt und Mineraloge aus Chemnitz. Er erwähnte den „bituminösen Sprudel" in seiner Schrift „De natura eorum quaeeffluunt ex terra".

Die Aufzeichnungen fanden nur wenig Beachtung, weshalb die Schwefelquellen weitestgehend unentdeckt blieben. Nur die einheimische Bevölkerung kannte ihren Nutzen, so dass sich der Grundstückseigentümer Henrich Christoph Piepho in den 1770er Jahren immer wieder über den Landrat von Münchhausen in Rinteln beschwerend an seinen Landesherrn in Kassel wandte, um für seine durch Heilungssuchende stark zertretene Wiese Schadensersatz zu fordern. Friedrich II. zu Hessen-Kassel ordnete daraufhin an, „Ordnung zu schaffen" und die Quellen in Stein zu fassen. Er wollte damit ständig wiederkehrende Schadensersatzansprüche unterbinden. Mit einer Pumpe konnte nun das Schwefelwasser gefördert werden. Öffentlich bekannt schienen die Quellen dennoch nicht zu sein, denn 1784 äußerte der „Königlich Grossbritannische Botanist" und Naturforscher Erhart im „Hannöverschen Magazin" sein Befremden darüber, dass sie immer noch wenig genutzt seien. Sein Aufsatz wurde vom Marburger Universitätsprofessor Baldinger in „Baldingers neues Magazin für Ärzte" aufgenommen, und vermutlich auch dem 1785 an die Regierung gekommenen Wilhelm IX., seit 1803 Kurfürst Wilhelm I., in Kassel vorgelegt. Jedenfalls hatte der neue Landesfürst Kenntnis von den Großen Endorfer Quellen erhalten und suchte sie während einer Bereisung seines Territoriums zu Pferde am 28. September 1786 auf, wo er das Schwefelwasser kostete und Professor Schröter aus Rinteln einige Experimente mit dem Wasser durchführte. Von der Heilkraft des Wassers überzeugt, kaufte Wilhelm IX. das

Der Kurpark liegt im Stadtgebiet von Bad Nenndorf. Die Zufahrt zum Kurgebiet ist ausgeschildert.

Der Kurpark Bad Nenndorf ist ganzjährig öffentlich zugänglich.

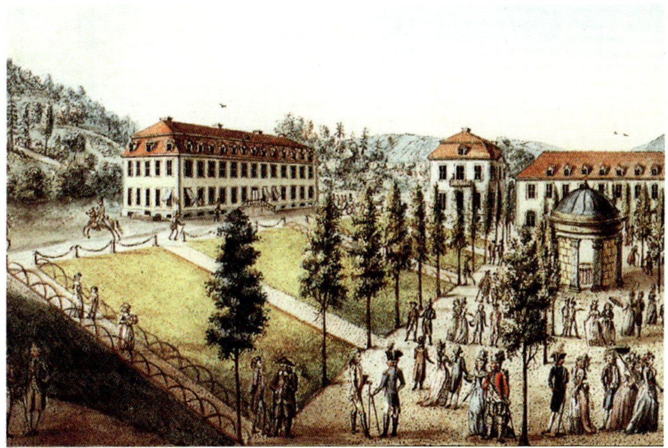

Esplanade in Bad Nenndorf, 1794 (A.W. Strack)

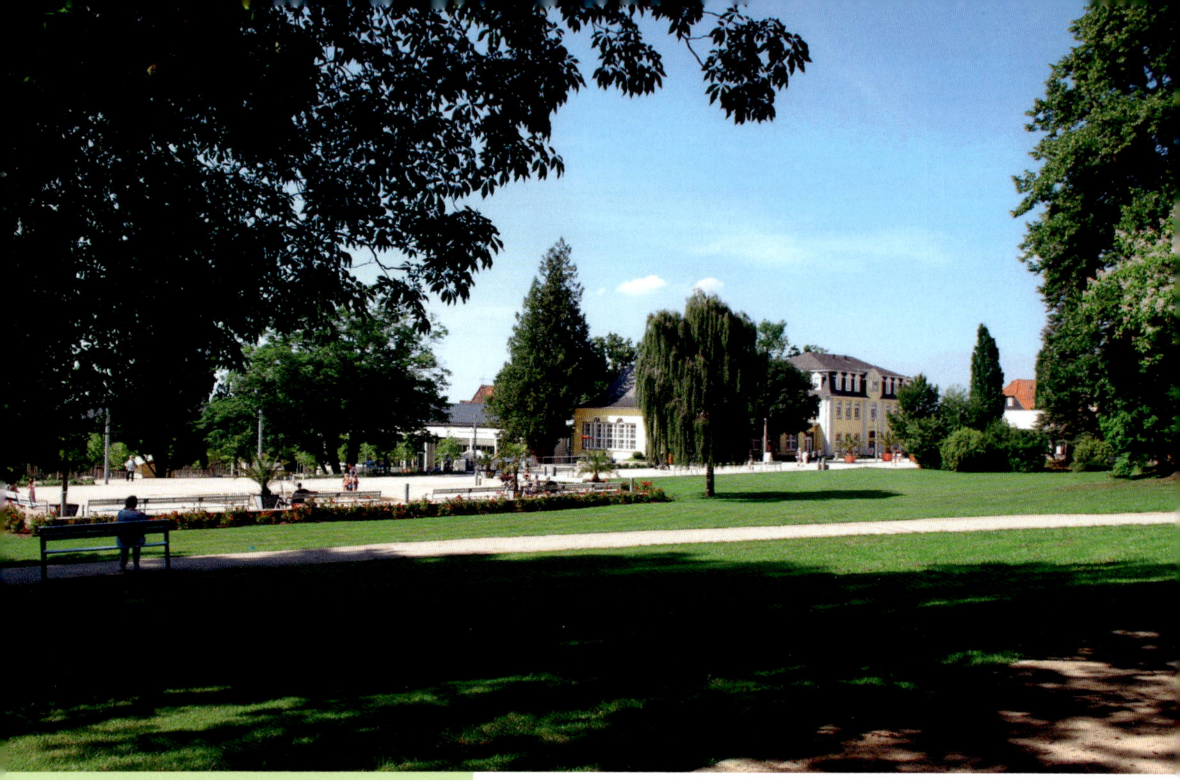

Kuranlagen Bad Nenndorf

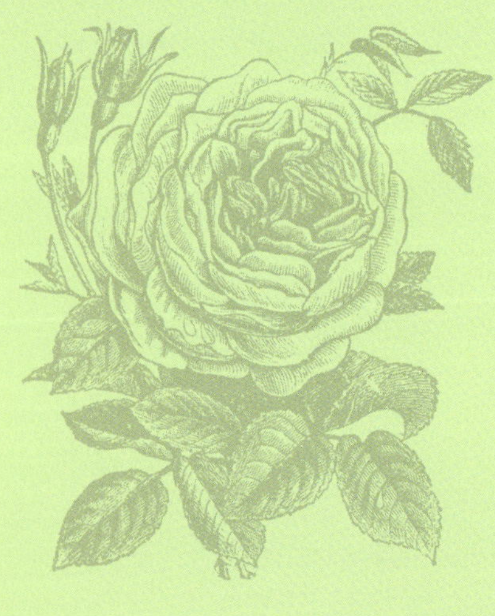

Quellgrundstück und ließ 1787 einen ersten Badeschuppen „aus Balken und Brettern" mit sieben Kammern errichten. Zwei Kammern erhielten eine feinere Ausstattung. Das Jahr 1787 wird daher als das Gründungsjahr des Bades Nenndorf angesehen. Zur Unterbringung der ersten Badegäste wurde ein Bauernhaus erworben.

Zu dieser Zeit wurde der Galenberg oberhalb der Heerstraße noch ackerbaulich genutzt, nur der Gipfel war mit einem „herrschaftlichen" Buchenmischwald bewachsen. Auch diese Flächen wurden vom Landgrafen aufgekauft und auf seinen Befehl geebnet.

1788 wurde mit den Planungen zu einem Ausbau als Badeort begonnen. Der Kasseler Hofarchitekt Simon Louis du Ry gestaltete nach einer Idee des Landgrafen den Brunnenbezirk um die beiden Quellen, die Badequelle und die Trinkquelle. Letztere wurde 1842 mit einem Tempel überbaut. Der Tempel über der Badequelle hat sich nicht erhalten. Der hufeisenförmige zentrale Brunnenplatz, vormals Piephos Wiese, wurde mit acht Reihen Linden zur Beschattung bepflanzt und heißt noch heute Esplanade. In Anlehnung an den ursprünglichen Entwurf wurde er 2013 gestalterisch überformt.

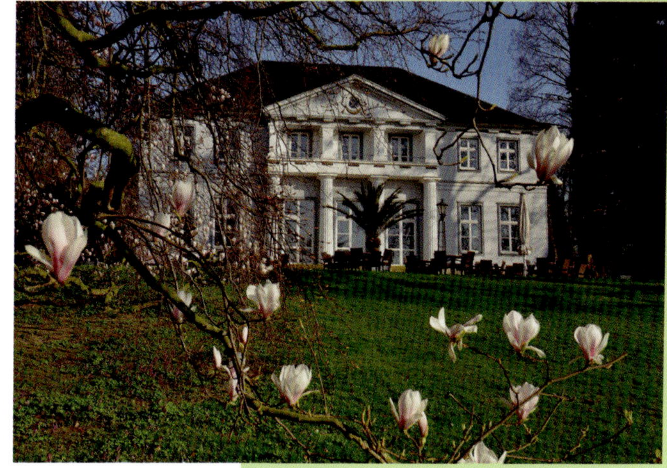

Schlösschen von 1806

Die Bautätigkeit begann 1789 im großen Stil mit dem Bau des ersten Logierhauses oberhalb der Heerstraße, dort wo heute die Wasserspiele sind. Es folgten die Arkade, ein Vorgängerbau der heutigen Wandelhalle, und die ihr gegenüberliegende Galerie, die 1959 einem Brand zum Opfer fiel. Das heutige Hotel Esplanade am unteren Rand des Platzes war ursprünglich das Große Schwefelbadehaus. Wilhelm IX. kam im ersten Jahr des Badebetriebes 1789 selbst als Kurgast nach Nendorf, wie der Badeort von nun an hieß, und logierte im Rodenberger Wasserschloss. Um die auch in Rodenberg logierenden Kurgäste nach Nendorf zu bringen, ordnete Wilhelm IX. eine „Diligence" an, eine Kutsche, die mehrmals täglich gratis zwischen den beiden Orten fahren sollte. In diesem Zusammenhang ist auf die als Allee aus Linden gestaltete Verbindung zwischen Rodenberg und Bad Nenndorf hinzuweisen. Während seines zweiten Aufenthaltes im Sommer 1790 wohnte Wilhelm IX. bereits in der neu errichteten Galerie in Nendorf. Sein Gefolge wurde im Rodenberger Schloss untergebracht, da die Räumlichkeiten in Nendorf den Kurgästen vorbehalten blieben.

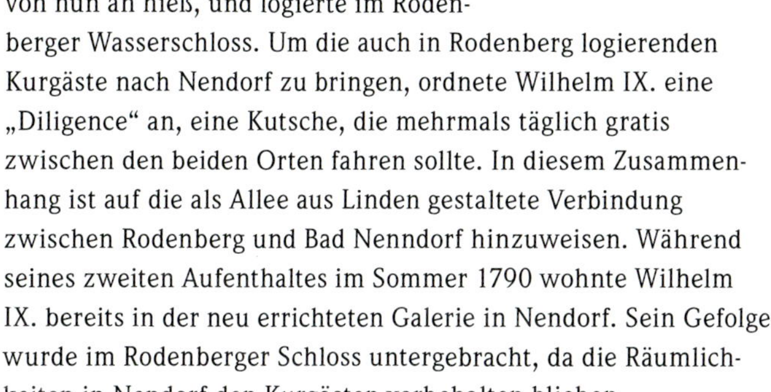

1791 wurde das Haus Kassel und der landgräfliche Pavillon (Landgrafenhaus) erbaut. Als Hessen-Kassel 1803 die Kurwürde erlangte, zeichnete sich diese Entwicklung natürlich auch in Nendorf ab. Das Schlösschen, damals Lodge genannt, wurde am Hang des Galenbergs an exponierter Stelle im klassizistischen Stil vom Kasseler Hofarchitekten Heinrich Christoph Jussow errichtet. Es sollte das erste Gebäude sein, das Badegäste bei ihrer Anreise aus Richtung Hannover auf der 1790 neu angelegten Heerstraße über den Galenberg erblickten. Nur konnte Kurfürst Wilhelm I. seine neue Sommerresidenz nicht lange genießen, seit 1807

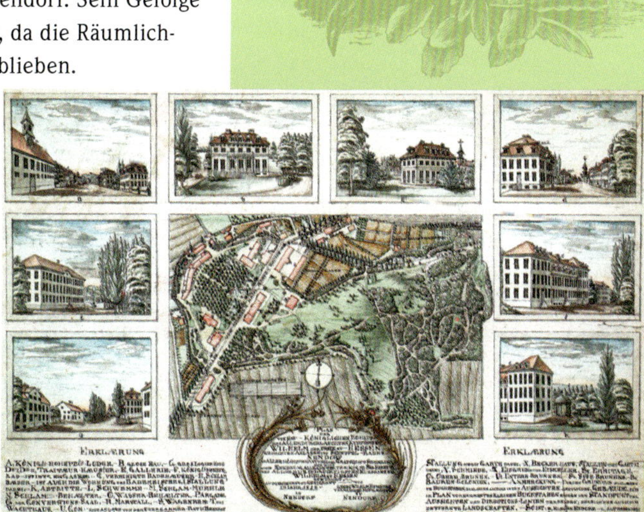

„Anlagen des Schwefelbades Nendorf" von George Wilhelm Homburg, 1816

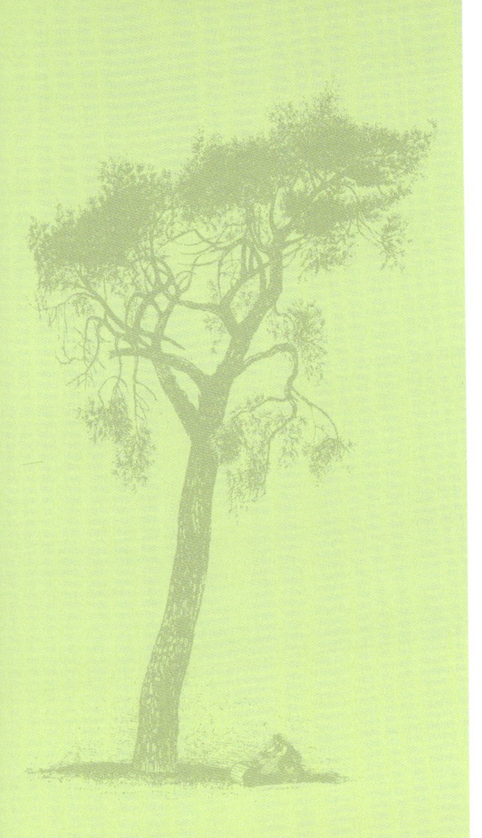

regierte Jérôme Bonaparte, jüngster Bruder von Kaiser Napoléon, als König Hieronymus von Westphalen in Kassel und kam in den Folgejahren auch regelmäßig nach Nendorf. 1809 führte er hier das Schlammbaden ein.

Mit den Vorarbeiten zur Anlage eines englischen Landschaftsparks wurde ebenfalls 1789 nach Plänen des hessischen Hofgärtners und späteren „fürstlichen Garteninspectors“ Daniel August Schwarzkopf begonnen. Er legte die „Spaziergänge“ auf dem Galenberg an und steckte die „notwendigen Gruppierungen“ ab. Der alte Buchenwald auf dem Berggipfel wurde abgeholzt und ein junger dichter Bestand, durchzogen von vielen geschwungenen Wegen, angelegt. Ab 1790 führte George Wilhelm Homburg als „hochfürstlicher Hessen-Casselscher Hofgärtner“ die gartenkünstlerischen Arbeiten fort. Er war gerade von einem zweijährigen Studienaufenthalt aus England zurückgekehrt, wo er gelernt hatte, „ ...wie sehr die englische Methode den älteren, teutschen, französischen, holländischen vorzuziehen sey.“

Am Galenberg gestaltete Homburg einen Landschaftsgarten mit Wiesenflächen und einem heute über zweihundertjährigen Baumbestand aus einheimischen und exotischen Gehölzen. In seiner Gärtnerei und Baumschule hielt er 1800 für seine meist vornehme Kundschaft 217 Gehölzarten, darunter bereits die Süntelbuche, 41 Rosen und 60 Stauden vorrätig. Staffagen aus Homburgs Zeit, wie ein Borkenhaus und ein Knüppelhaus, existieren nicht mehr.

Vom Galenberg ergeben sich weitreichende Aussichten in die Landschaft, so zum Steinhuder Meer und insbesondere vom „Wilhelmshain“, dem einstigen Lieblingsplatz des Badgründers, auf Deister, Süntel und Bückeberge. Über einen Beltwalk (Rundweg) konnten die einzelnen Attraktionen des Parks, darunter ein Tanzplatz unter freiem Himmel auf dem Galenberg, zu Fuß, zu Pferd oder mit der Kutsche erreicht werden.

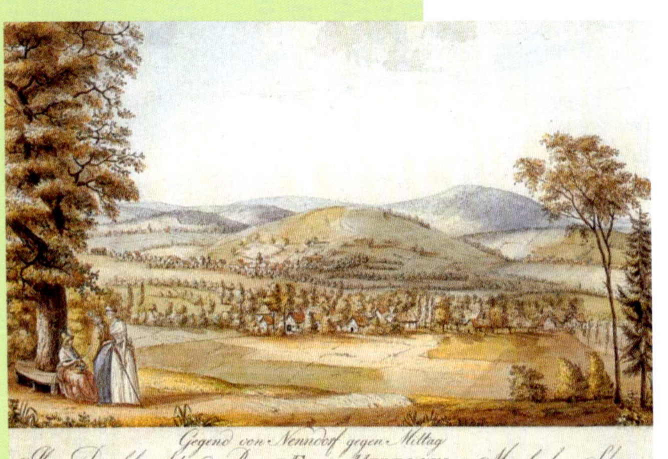

Blick vom Wilhelmshain nach Südwesten, 1794 (A.W. Strack)

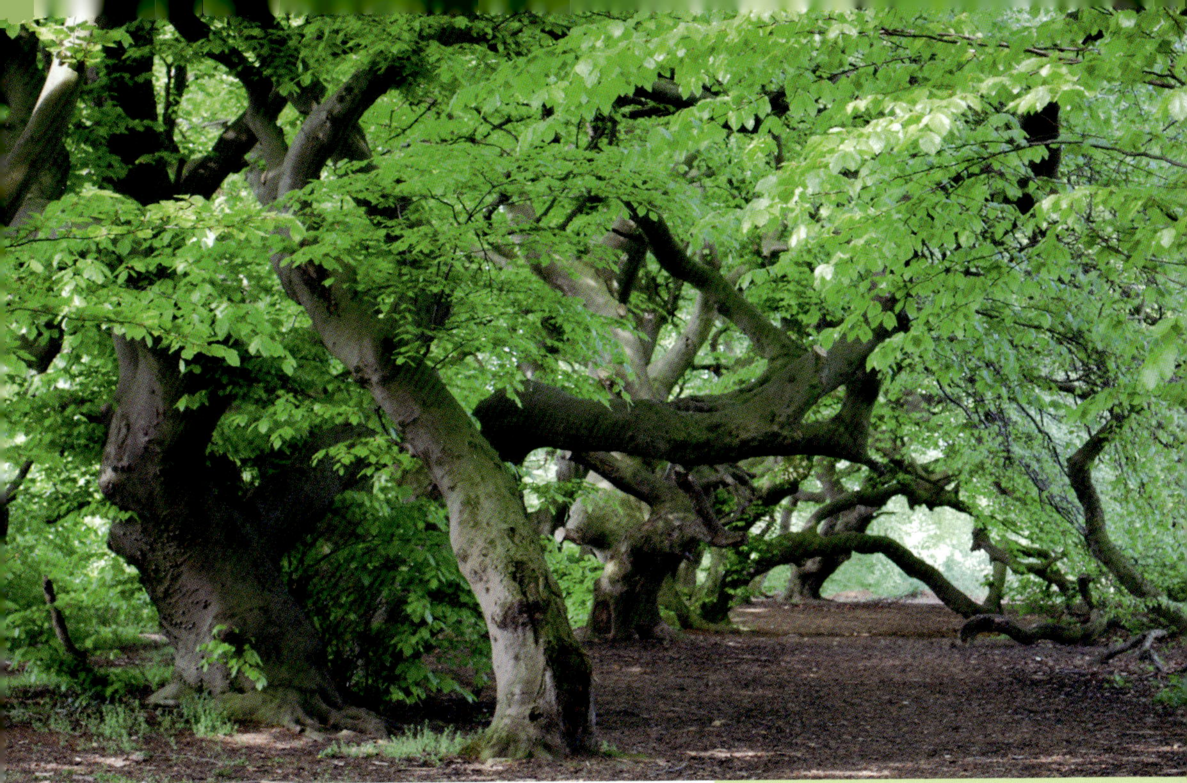

Süntelbuchen im Frühsommer

Carl Thon, seit 1891 „königlicher Brunnengärtner", konnte den Park nach 1900 auf 35 ha erweitern. Mit dem „Erlengrund" schuf er eine grüne Verbindung zum Deister. Eine Allee aus Kugelahorn, flankiert von landschaftlich gestalteten Partien mit Baumgruppen und Teichen in der Senke, führt bis auf den Strutzberg, dem Nordausläufer des Deisters. Hier ist der Ausgangspunkt von weiterführenden Wanderwegen.

Südlich der „Esplanade" gestaltete er den mediterran anmutenden „Sonnengarten" mit Tempel und Wasserbecken. Der Bereich am Schlösschen, die Promenade, Esplanade und der Sonnengarten wurden in den Jahren 2011 bis 2013 in Abstimmung mit der Denkmalpflege saniert.

In der Nähe des „Wilhelmshains" pflanzte Thon 1934 den wohl größten geschlossenen Süntelbuchenbestand Deutschlands, eine botanische Rarität des heutigen Parks, die auch in der blattlosen Jahreszeit mit ihrem Wirrwarr aus Stämmen und Ästen Besucher fasziniert.

GUT VON MÜNCHHAUSEN APELERN

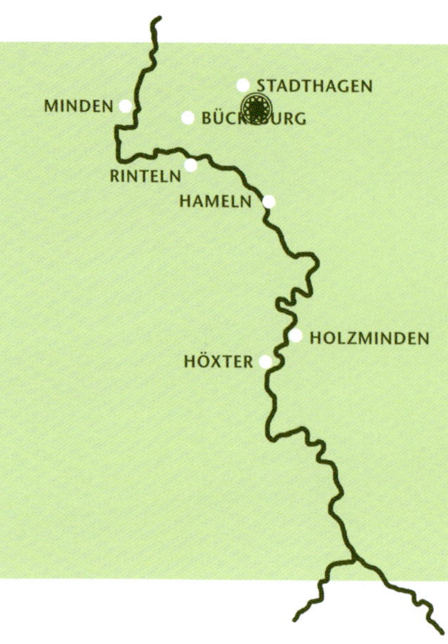

Die Freiherren von Münchhausen sind seit dem 14. Jahrhundert in Apelern ansässig. Das Herrenhaus wurde 1561 durch Börries von Münchhausen von Jacob Kölling, einem bekannten Baumeister der Weserrenaissance, erbaut und ist seitdem im Besitz der Familie. Im Laufe der Jahrhunderte wurde es mit weiteren Wohn- und Wirtschaftsgebäuden zu einem geschlossenen Viereck erweitert. Der Gutshof ist ganz von einer rechteckigen Graft umgeben, die von dem Riesbach gespeist wird. Letzterer begrenzt im Westen und Norden den engeren Parkbereich.

Von der Landstraße kommend, führt die Zufahrt, die einst mit einer Eichenallee gesäumt war, geradewegs auf das Torhaus zu. Über eine Steinbrücke gelangt man in den Innenhof. Hier erwartet die Besucher ein wahres Blütenmeer: Rosen, bepflanzte Tröge und Kübel, sowie zahlreiche Rankgewächse verbreiten südliches Flair. Eine noch junge Kastanie hat die Nachfolge eines abgestorbenen Ahorns als Hofbaum angetreten. An der westlichen Schmalseite gelangt man durch ein Tor und über eine Brücke in den Garten.

Über die Geschichte der Gartenanlage ist kaum etwas bekannt. Wie bei jedem Gut spielte die Nutzgärtnerei – Obst und Gemüse – eine wichtige Rolle. Große Teile der das Gut umgebenden Flächen wurden bis weit in das 20. Jahrhundert zu diesem Zwecke genutzt. Inwieweit es aber im 16., 17. oder 18. Jahrhundert auch einen formal gestalteten Lust- oder Ziergarten gegeben hat, ist unklar. Anfang des 20. Jahrhunderts stellte ein Familienmitglied die These auf, dass es zumindest Alleen gegeben habe, zum einen jenseits des Baches auf einer künstlichen, am Hang geschaffenen Terrasse, zum anderen zwischen Graft und Bach, von wo sie weiter nach Westen zu einer mehrere hundert Jahre alten Linde auf einem kleinen Hügel zuführte. Diese Linde ist nicht mehr vorhanden, wohl aber eine kleine Erhöhung direkt am Bach. Auch gab es ursprünglich noch eine weitere Brücke, die im Norden, direkt aus dem Haus kommend, die Graft überquerte. Sie musste in den 1980er Jahren wegen

Am südwestlichen Ortsausgang von Apelern an der L 443; Rintelner Str. 6

Der Weg am Hang zum Mausoleum ist öffentlich zugänglich, der eigentliche Garten nach Absprache mit den Besitzern. Tel.: (0 50 43) 57 38

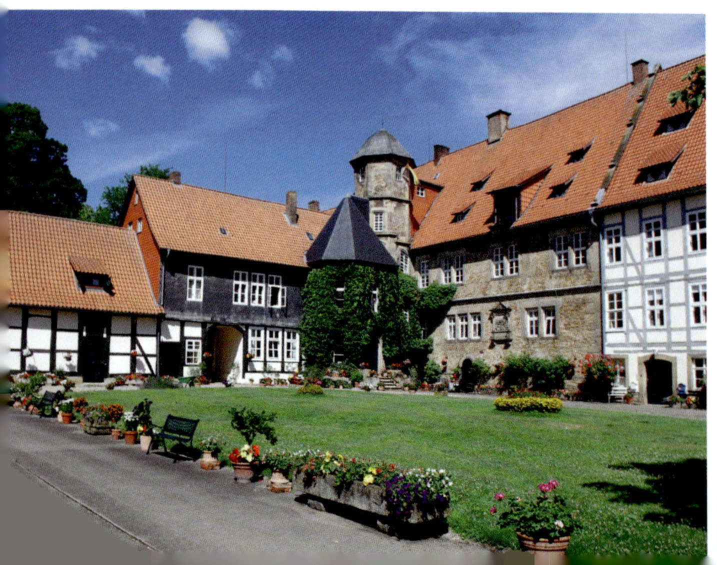

Blumenschmuck im Innenhof

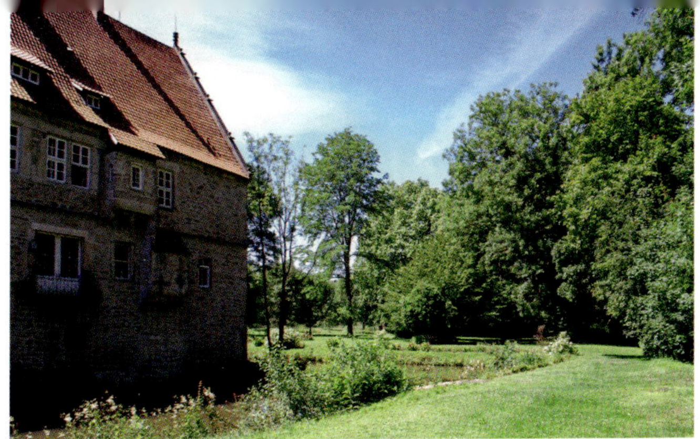

Blick in den Park

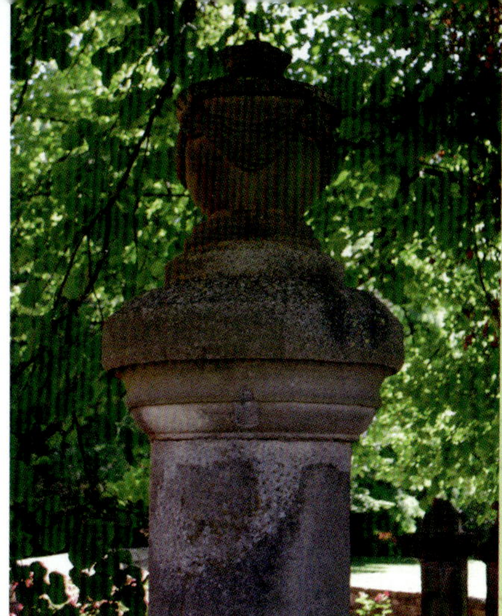

Bekrönter Torpfeiler

Baufälligkeit abgebrochen werden. Allerdings führt heute eine Brücke über den parallel laufenden Bach und eine anschließende Treppe den Hang hinauf. Dies lässt die These wahrscheinlich erscheinen, dass es zwischen Graft und Bach und auf der Hangterrasse gestaltete Bereiche gegeben hat. Die einzigen greifbaren und datierbaren Relikte aus jener Zeit sind zwei Sonnenuhren aus dem 18. Jahrhundert, eine im Innenhof, eine zu Beginn des westlichen Gartens.

Anfang des 19. Jahrhunderts scheint man, wie bei so vielen anderen Gütern der Region, mit der Anlage eines landschaftlichen Gartens begonnen zu haben. Davon zeugt im westlichen Garten eine Vielzahl alter Bäume, darunter Linde, Platane, Trauerbuche, Ginkgo, Korkenziehereiche und amerikanische Eiche, die zum Teil sicherlich 200 Jahre alt sind. Mit Sicherheit war der Garten ursprünglich durch ein Wegenetz erschlossen, davon ist nichts mehr erhalten. Heute präsentieren sich die Bäume auf einer Wiese. Hausfern geht der Garten in die Relikte einer vormals umfangreichen Obstplantage über, bis zu hundertjährige Apfel-, Birn- und Pflaumenbäume stehen in geraden Reihen. Von dem kontinuierlichen Bemühen um den Garten zeugen einige Baumpflanzungen jüngerer Zeit, darunter eine kleine Süntelbuche, ein „Muss“ in dieser Gegend.

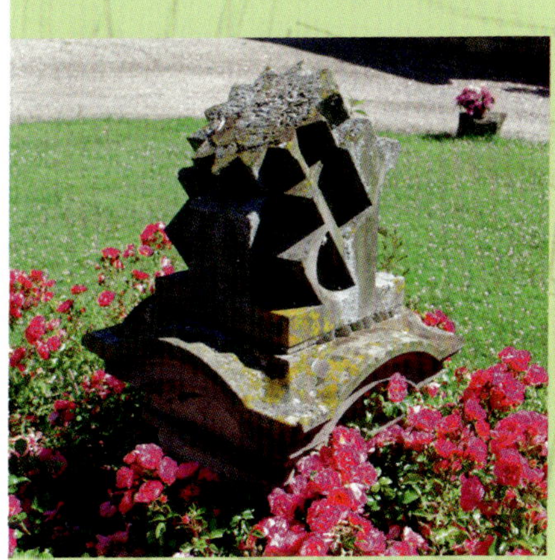

Sonnenuhr im Innenhof

Der Bereich entlang des Riesbaches mutet heute waldartig an. Auf der anderen Bachseite steigt das Gelände an. Dieser Bereich gehörte, wie erwähnt, vermutlich einst mit zum Park. Heute führt ein lockeres Wegenetz entlang der Höhenlinie und einige Aussichtsplätze laden zum Verweilen ein. Hier oben wurde zudem Anfang des 20. Jahrhunderts ein Erbbegräbnis der Familie von Münchhausen errichtet – ein kleiner Bau im Stil der Neoromanik.

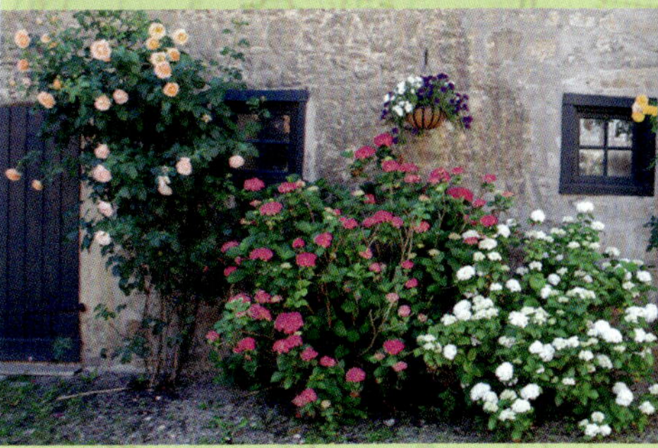

Blütenfülle am Torhaus

RITTERGUT V. HAMMERSTEIN APELERN

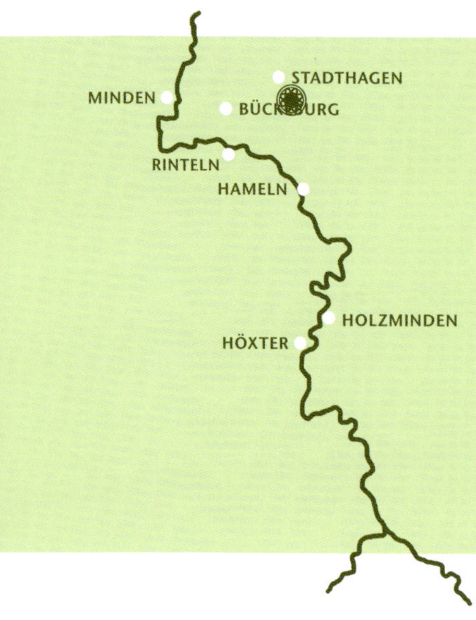

Am nördlichen Ortseingang von Apelern, von Rodenberg kommend in Verlängerung der B 442; Im Winkel 17

Die Anlage ist nach Absprache mit den Besitzern zugänglich. Tel.: (0 50 43) 29 85

Das Herrenhaus wurde in den Jahren 1586 bis 1590 vom Schaumburger Kanzler Anton von Wietersheim erbaut und ist seit 1673 im Besitz der Freiherren von Hammerstein. Der den einflügeligen Bau einst umschließende Wassergraben ist heute nicht mehr vollständig erhalten. Die Hauptzufahrt erfolgt über den westlich vorgelagerten Wirtschaftshof.

Über die Geschichte der Gärten des Gutes ist nur wenig bekannt. Bis weit ins 18. Jahrhundert scheint es hauptsächlich Nutzgärten gegeben zu haben – regelmäßig angelegte Obst- und Gemüsegärten, die man sich vielleicht als „aufgeschmückte" Küchengärten vorstellen kann, gingen doch Nutz- und Ziergärtnerei zu jener Zeit Hand in Hand.

An älteren Ausstattungsstücken finden sich auf der Schlossinsel ein Sandsteinpostament aus dem Jahr 1671, zwei steinerne Tische mit unbekanntem Entstehungsdatum, sowie eine halbrund gemauerte Grotte als Rückwand eines Sitzplatzes, ein typisches Element des späten 19. Jahrhunderts. Börries Friedrich Karl von Hammerstein kam durch seinen hannoverschen Hofdienst als 17jähriger nach England, und besichtigte dort die populären Gärten des landschaftlichen Gartenstils. Seine Gartenbegeisterung kann man dem geführten Reisetagebuch entnehmen. Nach seiner Rückkehr begann er selbst in Apelern mit der Anlage eines Englischen Landschaftsgartens. Über dessen genaue Gestaltung ist jedoch nichts überliefert, nur Rechnungen von Gartenarbeiten, z.B. über die Anlegung eines „Bosquets", oder ein „Verzeichnis derer Bäume, Sträucher und Stauden, so sich in der Engl: Garten Anlage auf dem Guthe Sr: Hochfreyherrl: Gnaden des Herrn Hofjunker von Hammerstein, zu Apelern vom Frühjahr 1805 … angepflanzt vorfinden." Verfasst wurde die Liste vom hessischen Hofgärtner George Wilhelm Homburg in Nenndorf, der 49 Gehölzarten, diverse Rosensorten und 14 Stauden nach Apelern lieferte. Neben den Gartenarbeiten nahm Homburg außerdem gartenkundliche Beratungen vor. So empfahl er beispielsweise 1802 für die Gestaltung einer Allee „Lordweymouth Fichten", anstelle der gewünschten „Roth Tannen", da die „Roth Tannen" zwar vorrätig, jedoch zu klein seien, und die „Lordweymouth Fichten" zur Bildung einer Allee ästhetisch besser geeignet wären. Was genau gepflanzt wurde, ist offen. Auch, ob es sich dabei um den Verlauf der heutigen Allee handelt, dem Schmuck-

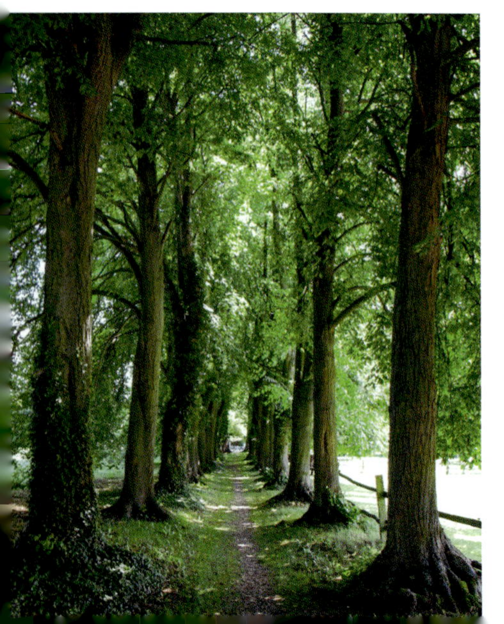

Lindenallee

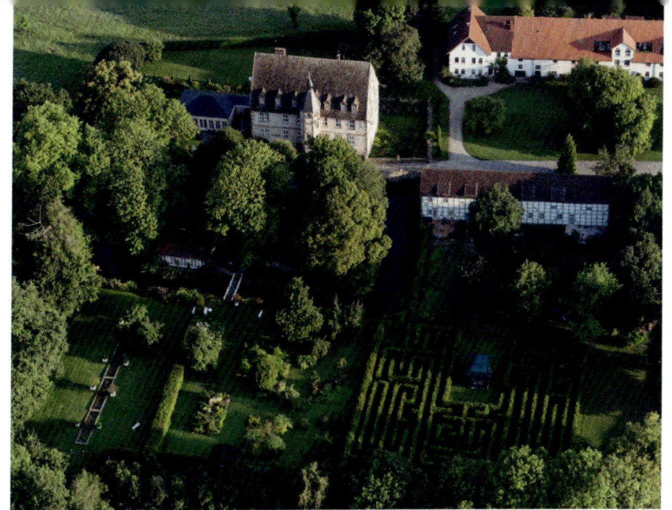

Gartenanlage aus der Vogelperspektive

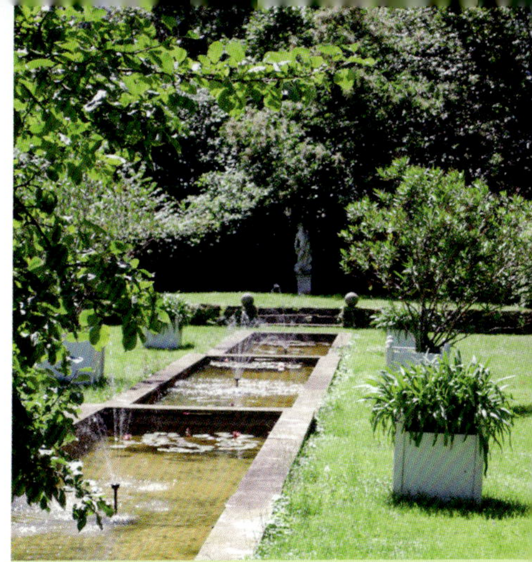

Fontänenbecken

stück der Gutsanlage. Sie führt von der Schlossinsel als schmale, hochaufragende Lindenallee durch die das Gut umgebenden Weiden in Richtung Dorf und stammt aus dem Jahre 1926. Zuvor hatte es an dieser Stelle bereits eine Eichenallee gegeben, etwa hundert Jahre früher gepflanzt, von der noch zwei Bäume am Beginn der Allee erhalten sind.

Insgesamt stammt der heutige Baumbestand aus den letzten 200 Jahren. Auf den Weiden wurden in den vergangenen Jahren verschiedene Solitärgehölze gepflanzt.

Südlich der Insel wurden Gartenbereiche neu hergestellt, darunter ein blütenreicher Staudengarten mit Gartenpavillon, ein Wasserbecken mit Fontänen in Anlehnung an ein historisches Becken und ein Irrgarten.

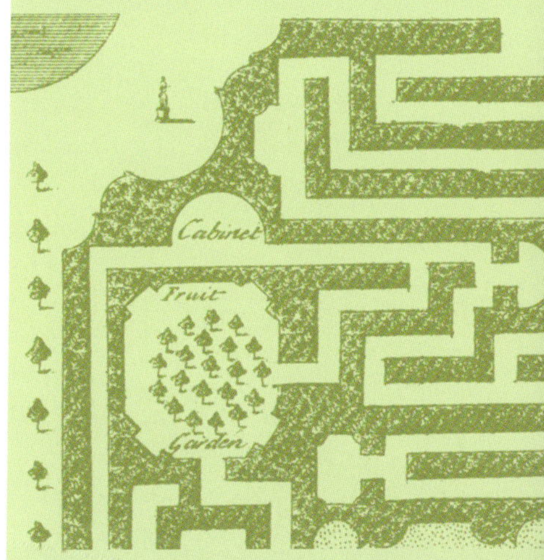

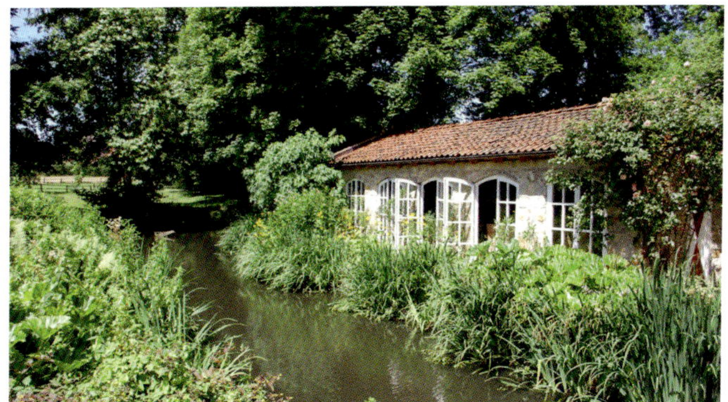

Orangerie an der Graft

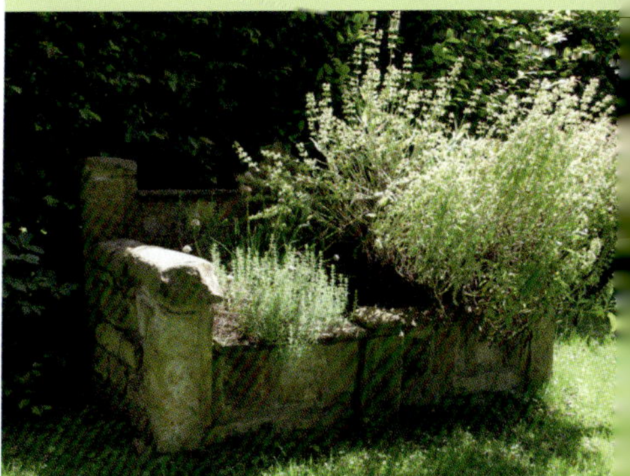

Bewachsenes Steinsofa

GUT REMERINGHAUSEN

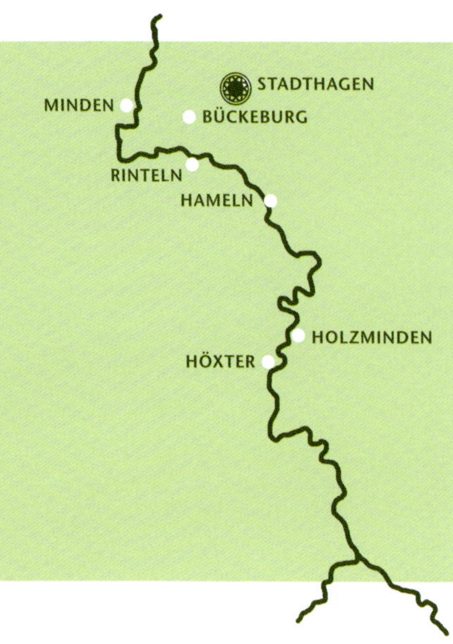

Remeringhausen kam Ende des 16. Jahrhunderts durch Verlosung der zu vererbenden Besitzungen an Ludolf von Münchhausen, der, aus Apelern stammend, das Ziel verfolgte, aus dem Bauernhof ein Rittergut zu machen. 1599 ließ er das sogenannte „Schlösschen" im Stil der Weserrenaissance errichten, zu dem ursprünglich noch ein zweiter Flügel gehörte. 1701 wurde ein weiteres, barockes Herrenhaus gebaut. Das Ensemble, ergänzt um verschiedene Nebengebäude, ist um einen Innenhof gruppiert und von einer breiten, rechteckigen Graft umgeben. Eine Brücke führt in den angrenzenden Park, der aber auch durch ein Tor an der Südseite zu betreten ist. Hier steht eine Erläuterungstafel mit Übersichtsplan.

Der Park liegt auf nahezu rechteckigem Grundriss. Vermutlich wurde das Gelände schon seit langem gärtnerisch genutzt. Für das 18. Jahrhundert ist ein Weg belegt, der axial auf die Brücke zuführt, dazu kommen mehrere rechtwinklige Querwege. Es ist anzunehmen, dass es sich weniger um einen Lust-, sondern eher um einen Obst- und Gemüsegarten gehandelt hat.

Anfang des 19. Jahrhunderts ließen Georg von Münchhausen und seine Frau Charlotte einen landschaftlichen Garten anlegen. Der Plan dazu stammte von dem hessischen Hofgärtner George Wilhelm Homburg, der auch den Kurpark von Bad Nenndorf geschaffen hat und am landschaftlichen Entwurf des Gutsparks Exten und der Umgestaltung der Rintelner Festungsanlagen beteiligt war. Die Anlage wurde seitdem nicht wesentlich verändert und ist seit der erfolgten Sanierung Ende des 20.

Am westlichen Rand der Ortschaft Heuerßen, von der B65, führt eine Schotterstraße direkt zum Gut.

Der Park kann nach telefonischer Voranmeldung besichtigt werden. Tel.: (0 57 25) 70 11 88

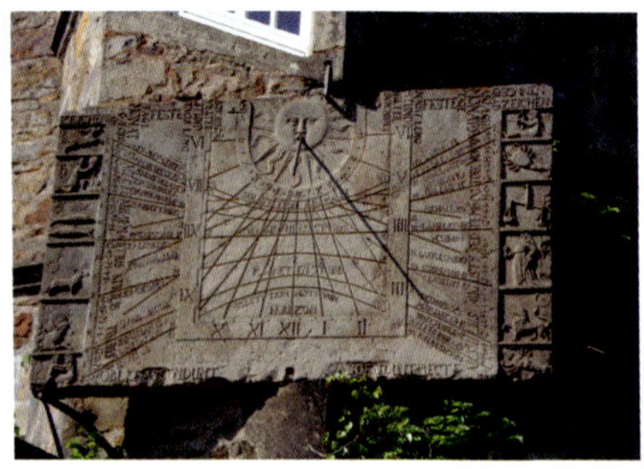

Sonnenuhr am Treppenturm

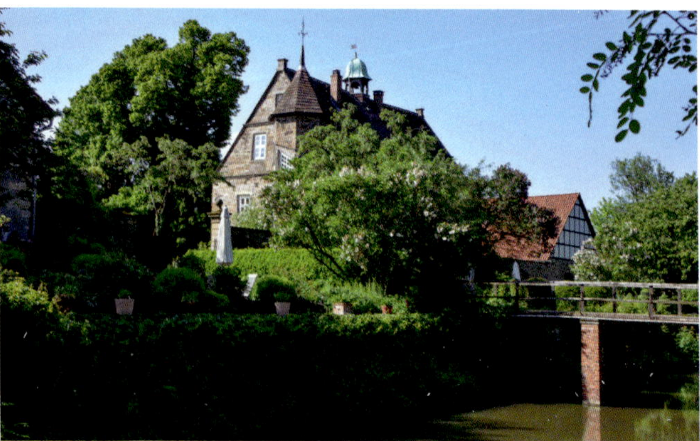

Schlösschen von 1599

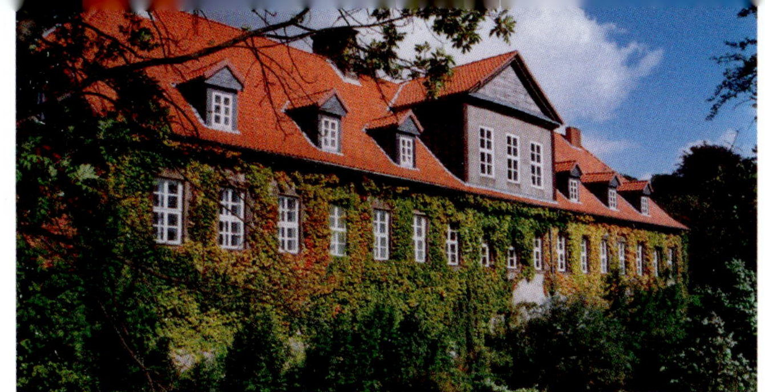

Herrenhaus von 1701

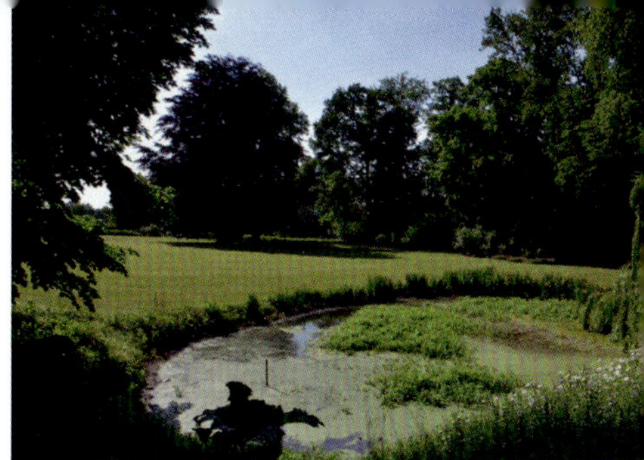

Blick über den Teich zum Schlösschen

Jahrhunderts ein herausragendes Beispiel für einen ländlichen Gutsgarten.

Der Park zeichnet sich durch eine zentrale Wiesenfläche aus, auf der alte und auch neu gepflanzte Solitäre stehen. Zu nennen sind eine mächtige Blutbuche, eine Esskastanie, eine Lärche und ein Tulpenbaum. An den Seiten schirmt dichterer Bewuchs den Park gegen die Umgebung ab, nur zum Gutshof ist die Sicht frei. Die Wegeführung ist sparsam. Direkt an der Graft entlang verbindet ein gerader Weg zwei Parktore. Davon zweigen ein geschwungener, in der nördlichen Hälfte doppelt geführter Rundweg sowie ein Mittelweg ab, der quer über die Wiese zu einer alten Mühle am Parkrand führt. Hier fließt der Mühlbach durch den Garten, der am Rand der Wiese zu einem kleinen Teich erweitert ist. Der Aushub wurde zur Aufschüttung eines Hügels verwandt, nach der Bauherrin „Charlotten-Berg“ genannt. Er wird durch einen Kreis von Kastanien bekrönt, unter denen ein Steintisch und Bänke zum Verweilen einladen. Von hier hat man einen schönen Blick über den Teich auf das Schlösschen. Auch dem Hausherrn wurde ein Gartendetail gewidmet: der „Georgen-Sitz“ unter einer mächtigen alten Linde an der Graft.

An den eigentlichen Park schließt sich eine Obstwiese an, die früher auch als Küchengarten genutzt wurde. Mittels eines Randweges und Sichtbeziehungen wurde diese Wirtschaftsfläche in den Park mit einbezogen.

Der Park wurde in jüngster Zeit nach Norden erweitert. Die Teiche und der Mühlweiher wurden entschlammt und wieder aufgestaut, die Wiesen wurden mit Solitärgehölzen und Stauden bepflanzt. An der Gutszufahrt wurden die Fachwerkgebäude renoviert, bzw. rekonstruiert. Der ehemalige Küchengarten wurde nach alten Plänen und neuen Ideen wiederhergestellt und dokumentiert die historische Bedeutung dieser Nutzungsform.

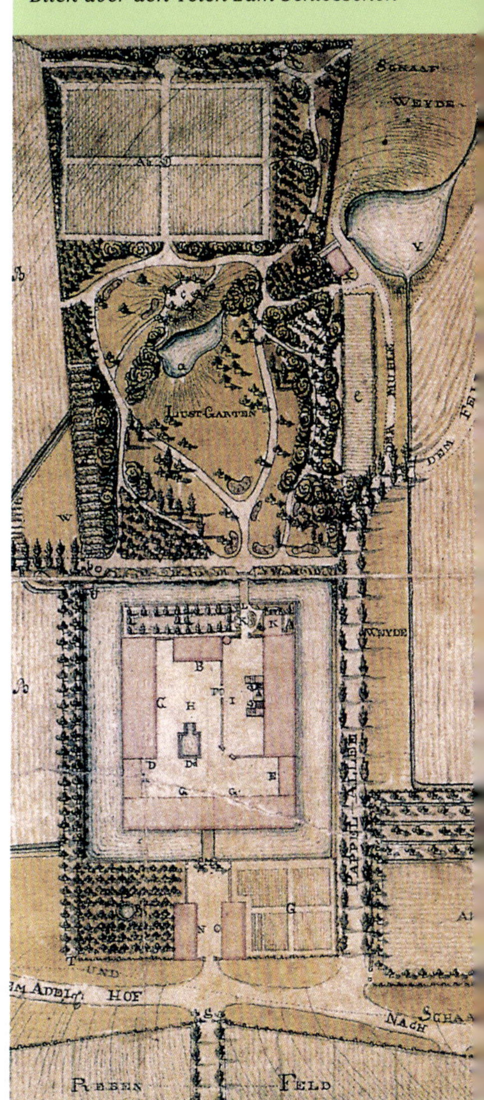

Plan von 1806 (G. W. Homburg)

SCHLOSSGARTEN STADTHAGEN

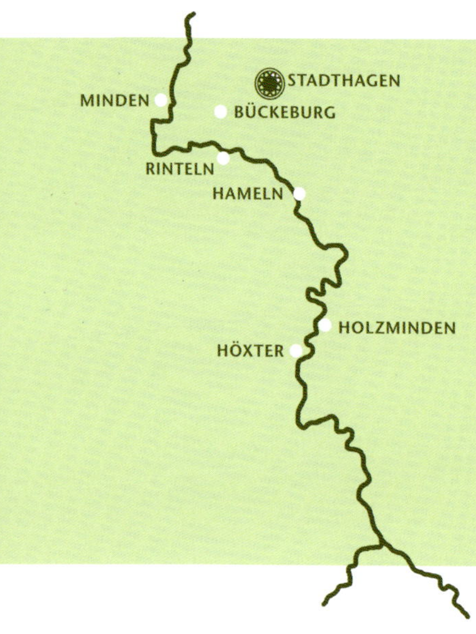

Am historischen Zentrum an der Habichhorster Straße gelegen

Der Schlossgarten Stadthagen ist öffentlich zugänglich.

Das Schloss in Stadthagen wurde um 1535 auf den Resten einer mittelalterlichen Vorläuferanlage errichtet und ist eines der frühesten Beispiele der Weserrenaissance. Den Häusern Holstein-Schaumburg und Schaumburg-Lippe diente es vorwiegend als Witwensitz, so beispielsweise von 1622 bis 1643 für Fürstin Hedwig, von 1703 bis 1743 für Gräfin Johanne Sophie und von 1748 bis 1785 für Gräfin Charlotte.

Einen Garten auf dem Gelände des heutigen Schlossgartens (auch Stadtgarten genannt) gab es anscheinend schon im 16. Jahrhundert, über sein Aussehen ist allerdings nichts bekannt. Er hatte, als Garten der Renaissance, keinen direkten Bezug zum Schloss und war zudem von diesem durch den Stadtwall getrennt.

Seit dem 17. Jahrhundert hat der Garten seine Grundstruktur kaum verändert. Das oblonge Rechteck wurde von Anbeginn durch einen Weg in der Mittelachse gegliedert, zusätzlich teilten, wie noch heute, mehrere Querwege die Fläche in einzelne Quartiere. Die Schnittpunkte der Achsen wurden durch eine Sonnenuhr, ein Wasserbecken mit Springbrunnen und einen steinernen Tisch samt steinernen Bänken geschmückt. Die ersten beiden Ausstattungselemente sind noch vorhanden, wobei die ungewöhnliche Sonnenuhr besondere Beachtung verdient: Es handelt sich um eine kniende Figur mit einer Kugel auf dem Rücken. Vermutlich stammt auch bereits der rechteckige Teich an der Schloss zugewandten Seite aus der ersten Hälfte des 17. Jahrhunderts. Ebenso ist das Lusthaus aus Fachwerk, das im Teich auf Pfählen errichtet wurde, mindestens seit 1685 vorhanden. Es übernimmt in gewisser Weise die Funktion des Schlosses als Bezugspunkt für den symmetrischen Aufbau des Gartens. Die einzelnen Quartiere, heute schlichte Rasenflächen, waren einst mit Blumen, Heilkräutern und auch Gemüse bepflanzt. Eingefasst wurden sie zum Teil durch Laubengänge, die aus Weiden- oder Haselzweigen gebildet wurden. Im hinteren Teil waren auch Obstbäume vorhanden.

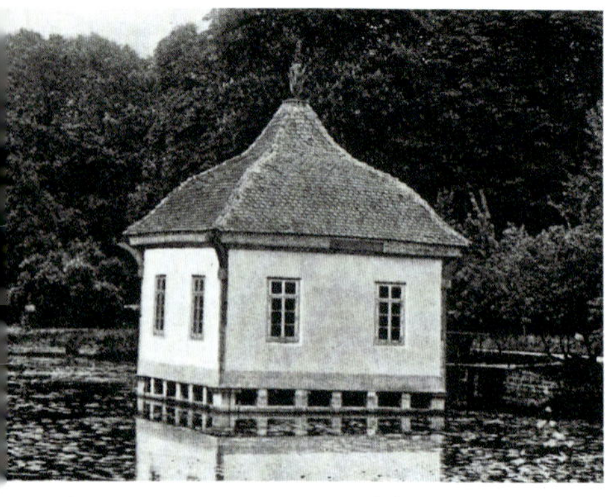

Lusthaus im Teich, um 1900

Gräfin Johanne Sophie (1673-1743) zog 1703 in das Schloss Stadthagen, obgleich sie noch keine Witwe war. Allerdings war sie vor ihrem gewalttätigen Mann, Graf Friedrich Christian zu Schaumburg-Lippe, aus der Residenz Bückeburg geflohen und verbrachte zunächst acht Jahre in Stadthagen, bevor sie des Landes verwiesen wurde. In der Folgezeit lebte sie erst am kurfürstlichen Hof von Hannover und ab 1714, als Kurfürst Georg Ludwig König von Großbritannien wurde, am Hof in London. Hier erhielt sie eine

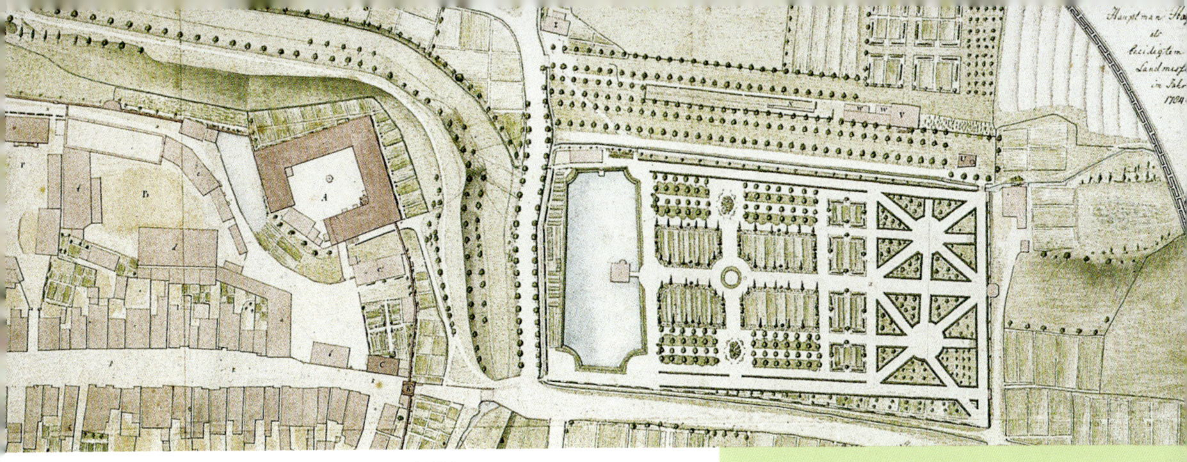

Plan mit Schloss und Gartenanlage, 1784

Pension und fungierte als inoffizielle Hofdame der Kronprinzessin Caroline. Erst 1728, nachdem ihr Mann verstorben war und ihr Sohn Albrecht Wolfgang die Regierung in Schaumburg-Lippe übernommen hatte, kehrte Johanna Sophie zurück und nahm ihren Wohnsitz wieder in Stadthagen. Mit großer Leidenschaft widmete sie sich dem Garten, in dem sie das Vorgefundene dem barocken Zeitgeschmack entsprechend modernisierte, ohne die Grundstruktur zu verändern. Parallel zur Mittelachse wurden am Rand zwei weitere Längsachsen zugefügt und mit Kastanienalleen bepflanzt, die in Resten heute noch vorhanden sind. Die beiden hinteren Quartiere wurden zu sternförmigen Bosketts umgestaltet, deren Binnenflächen mit Obstbäumen bepflanzt waren. Zur Ausstattung gehörten Kübelpflanzen und zu Pyramiden geschnittene Eiben ebenso wie zahlreiche Skulpturen, von denen sich leider nur einige Sockel erhalten haben. Überhaupt spielte das Miteinander von Zierde und Nutzen eine große Rolle. So dienten beispielsweise auch Hagebutten und Zwergobsthecken als Einfassungen der Beete und Johanne Sophie wies ihren Gärtner darauf hin, dass der Garten nicht nur das Gemüt erfreuen, sondern auch die Bedürfnisse von Küche, Konfektstube und Apotheke erfüllen solle.

Nach 1785 wurde die Hofhaltung in Stadthagen aufgegeben und im Garten setzte schleichender Verfall ein. Die Bürger Stadthagens ergriffen Besitz von dem Garten, dies jedoch anscheinend nicht nur durch Spazierengehen, wie die Ermahnung andeutet, der Gärtner möge nur seine eigene Kuh unter Aufsicht im Garten grasen lassen. Ende des 19. Jahrhunderts bewohnte einige Jahre das Erbprinzenpaar Georg und Marie Anna das Schloss, das jedoch wenig Interesse an dem „unmodernen" Garten zeigte. Aus dieser Zeit dürften die Solitärgehölze (Säuleneiche, Platane, Buche) stammen.

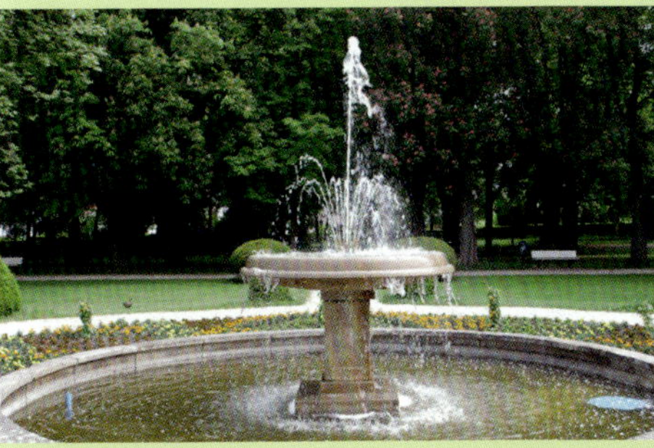

Springbrunnen

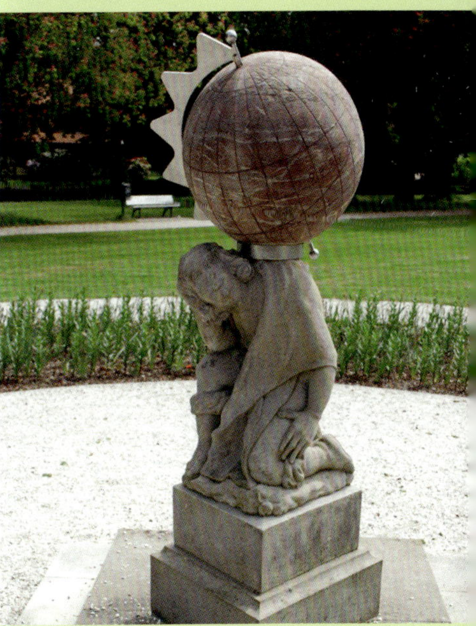

Sonnenuhr

WALL STADTHAGEN

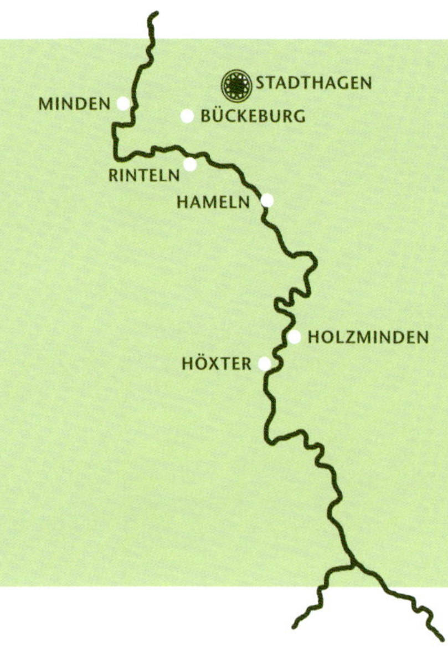

Stadthagen wurde um 1222 von Graf Adolf zu Schaumburg gegründet und hieß deshalb zunächst Grevenalveshagen (Graf Adolfs Hagen). Seit dem 14. Jahrhundert hatte sich die Stadt mit Mauer, Wall und Graben geschützt. In Friedenszeiten wurden die Befestigungsanlagen aber auch gärtnerisch oder als Viehweide genutzt. Dies drohte bisweilen die Funktionalität der Anlagen zu gefährden, weswegen beispielsweise der Stadtrat von Stadthagen 1667 den Bürgern das Betreten des Geländes verbot. Im 18. Jahrhundert gab es aber bereits auf dem Stadtwall eine Allee, die ausdrücklich zum Spazierengehen der Bürger bestimmt war.

Noch heute ist die Fläche der Wallanlagen vollständig als Grünzug um die ganze Stadt erhalten. Insbesondere die Gestaltung auf der östlichen Seite, wo der Wall abgetragen und ein Park mit abwechslungsreichem Baumbestand geschaffen wurde, dürfte dem Engagement des 1899 gegründeten Verschönerungsvereins von Stadthagen zu verdanken sein. Auf der West- und Nordseite sind noch Graben und hoher Wall vorhanden. Alleen aus Zierkirschen, Ahorn und Kastanien beschatten die Promenade. Interessant ist im nördlichen Abschnitt ein Blick auf die „Rückseite“ der Altstadt, wo private Gärten bis an den Wall heranreichen. Im Süden geht der Wall in den Schlossgarten über.

Die Wallanlagen umschließen als Grüngürtel den gesamten historischen Stadtkern.

Die Anlagen sind öffentlich zugänglich.

Wallanlage

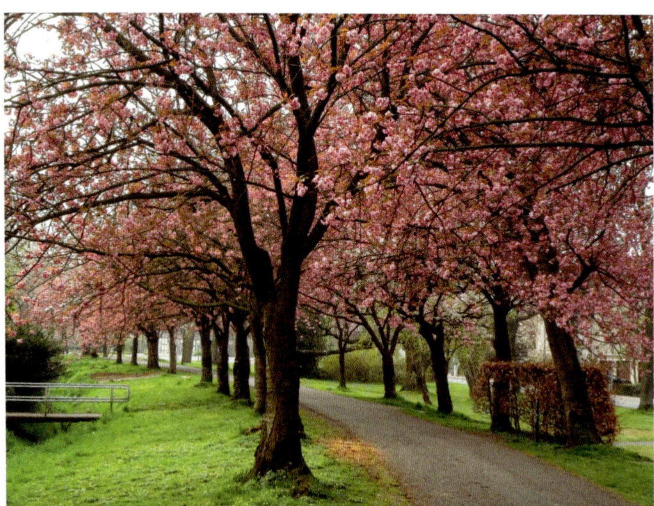

Zierkirschenallee im Frühling

GARTEN BROCKMANN OBERNKIRCHEN

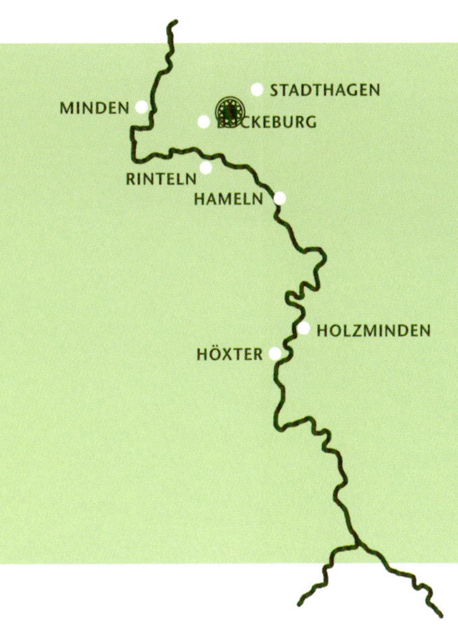

Der Garten Brockmann ist ursprünglich ein bürgerlicher Privatgarten. Er ist von der Straße „Hinter dem Graben" aus zu betreten, gehörte ursprünglich jedoch zu einem Haus an der Langen Straße. Hier, am nordwestlichen Rand der Altstadt, hatten sich bereits seit dem 18. Jahrhundert hinter den Häusern lange Gartenstreifen im ehemaligen Stadtgraben befunden. Seit 1819 war die Kaufmannsfamilie Brockmann im Besitz eines, später zweier Häuser an dieser Straße. Ab Mitte des 19. Jahrhunderts ist die Existenz eines gestalteten Gartens belegt, dessen heutiges Erscheinungsbild aus dem späten 19. Jahrhundert stammen dürfte. Durch die jahrzehntelange familiäre Nutzung blieb der Garten in seiner grundsätzlichen Gestaltung erhalten, erst Ende des 20. Jahrhunderts begann er zu verwildern. Die Stadt kaufte das Gartendenkmal und begann 2003 mit der Wiederherstellung.

Der Garten ist an drei Seiten von einer Mauer eingefasst, die vierte Seite wird durch eine dichte Abpflanzung zum Nachbargrundstück gebildet. Zwei schmiedeeiserne Tore führen in den Garten. Die Sandsteinpfeiler sind in barockem Stil mit einem Aufsatz aus Akanthusblättern und Pinienzapfen ausgeführt.

Der Mittelpunkt des Gartens ist ein runder Springbrunnen, der umgeben ist von einem repräsentativen geometrischen Gartenornament aus Buchs, Staudenrabatten und Wegen. Weitere Staudenbeete finden sich an den Rändern des Gartens. Dazu kommen einzelne markante große Gehölze, wie eine Magnolie und eine Schwarzkiefer. Diese Bäume sind vermutlich um die hundert Jahre alt. Eine durch Windwurf abgängige Blutbuche wurde nachgepflanzt.

Wenn auch der Garten als Ziergarten angelegt und genutzt wurde, so fehlt dennoch der Nutzaspekt nicht völlig. Davon zeugen einige Haselsträucher sowie Kirsch- und Apfelbäume. An der nördlichen Mauer war früher Spalierobst angebracht.

Da der Garten nicht übermäßig groß ist (etwa 1.000 qm), überrascht es, dass gleich drei Sitzplätze vorhanden sind. In der östlichen Ecke steht ein achteckiger Holzpavillon (ein Nachbau, das Original war nicht zu retten), in der westlichen Ecke eine rechteckige Laube, ebenfalls aus grün-weiß gestrichenen Holzlatten. In der nördlichen Ecke deutet ein Steintisch auf einen ehemaligen Aufenthaltsplatz hin. Der ehemals weite Blick ins Land Richtung Nordwesten ist heute durch Neubauten verstellt.

Der Garten ist nicht ständig geöffnet, kann aber auf Anfrage unter Tel.: (0 57 24) 3 95 50 besichtigt werden. Eingang von der Straße „Hinter dem Graben"

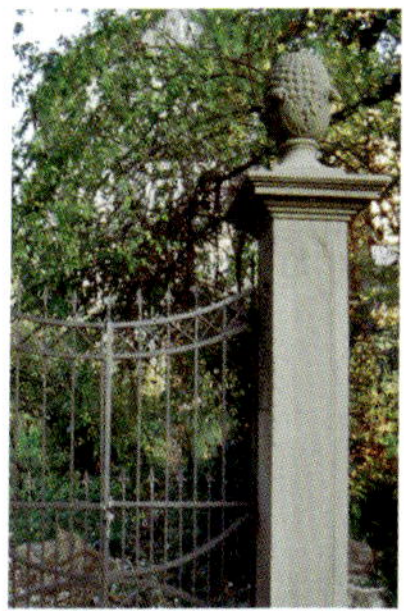

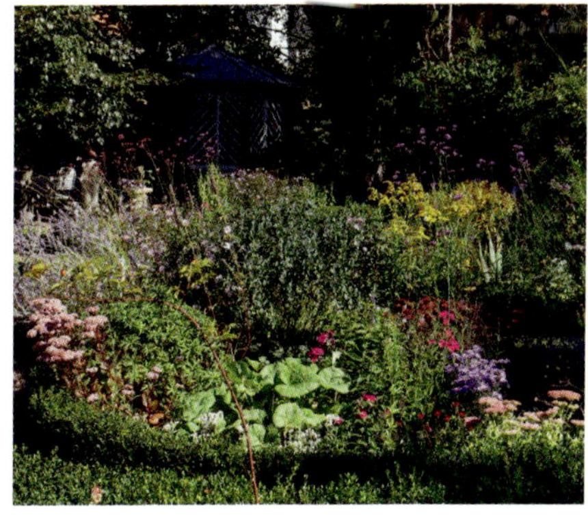

Pavillon mit Staudenbeet

SCHLOSS BAUM

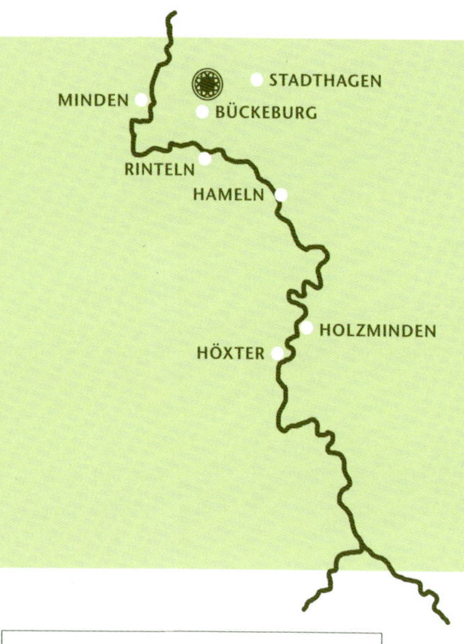

Schloss Baum verdankt seinen Namen weniger den Bäumen des Schaumburger Waldes, als vielmehr einem Schlagbaum, an dem die kleine Grafschaft Schaumburg-Lippe, seit 1807 Fürstentum, ihr Zollrecht geltend machte. Im 17. Jahrhundert gab es hier einen Tiergarten und ein einfaches Jagdhaus nebst Stallungen, Wagenschuppen und Dienstbotenunterkünften. Dieses wurde um 1760 von Graf Wilhelm zu Schaumburg-Lippe (1724-1777) zu einem Schloss ausgebaut und mit einer Gartenanlage umgeben. Damit schuf sich der Graf einen privaten Rückzugsort, eine Eremitage. Die Nachfolger des Grafen Wilhelm hatten kein allzu großes Interesse mehr an Baum, nur zur Jagd lud und lädt das fürstliche Haus bis heute in den Schaumburger Wald. Auch wenn das Gelände heute durch die Nutzung des Evangelischen Jugendwerkes stark beansprucht wird, so hat sich doch einiges der historischen Gartensubstanz des 18. Jahrhunderts erhalten.

Im Schaumburger Wald,
direkt an der L 450
zwischen Rusbend und Quetzen

Die Besichtigung ist nach Absprache unter Tel.: (05702) 791 möglich.

Ein Plan von 1757 veranschaulicht, was einst geplant und größtenteils wohl auch ausgeführt wurde. Auffällig ist zunächst die ungewöhnliche ovale Grundrissform des Gartens. Die Hauptzufahrt erfolgte ursprünglich nicht von der Seite, wie heute, sondern führte von der westlichen Schmalseite axial auf das Schloss zu. Die ehemalige Zufahrtsallee, am Waldrand durch Torpfeiler markiert, ist im Wald noch als Schneise zu erkennen. Vor dem Schloss befand sich, wie heute, eine große Rasenfläche, die jedoch neben der breiten Zufahrt auch durch ornamentale Zierbeete gegliedert wurde. Umschlossen wurde dieser Gartenteil von einem Randweg, der durch geschnittene Hainbuchenhecken und Lindenreihen begleitet wurde. Davon haben sich noch einige Reste erhalten. Insbesondere an der südlichen Seite finden sich zahlreiche Hainbuchen, die in etwa drei Metern Höhe eine sogenannte Zwieselbildung aufweisen, d.h. der Stamm teilt sich in mehrere Stämme. Dies ist ein Zeichen dafür, dass die Bäume einmal geschnitten wurden, es sich also um Überreste der einstigen Hecken handelt.

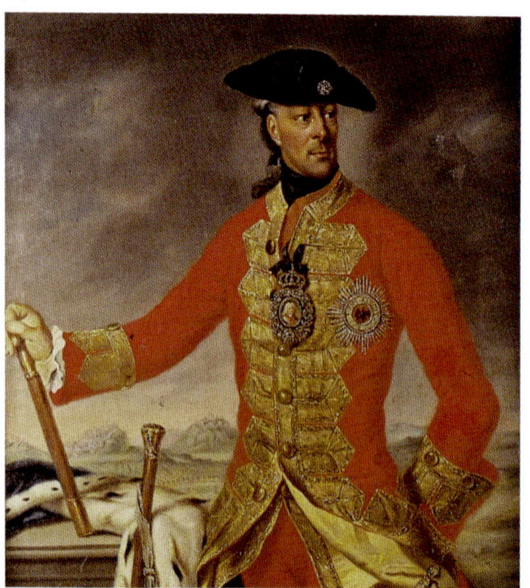

*Graf Wilhelm Friedrich Ernst zu Schaumburg-Lippe (*1724 †1777)*

Neben dem Schloss führten einst zwei heute restlos verschwundene Berceaux (Laubengänge aus Holz mit Klettergewächsen berankt) von den Schmalseiten des Gebäudes zu den seitlichen Eingangstoren des Gartens und versperrten so den Blick von der vorderen Gartenseite in den hinteren Bereich. Dort befand sich ein Wasserbecken mit Fontaine und vogelähnlichen Wasser-

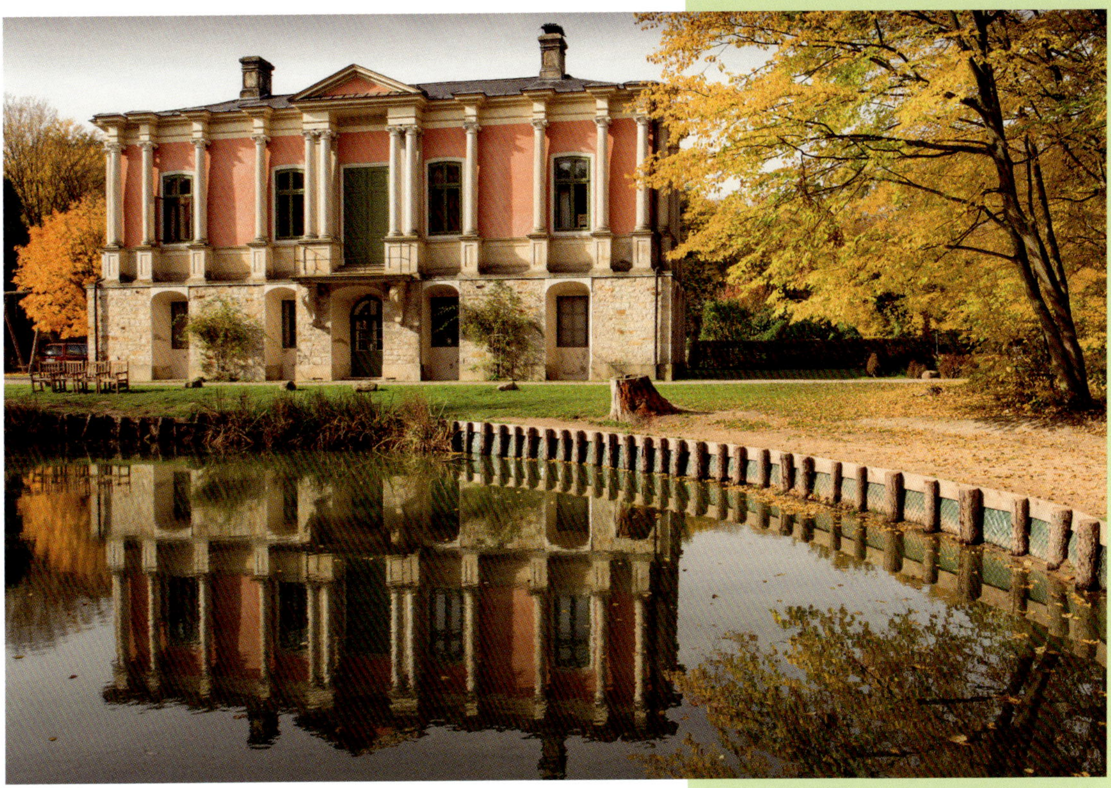

Schloss Baum

speiern, daneben waren Aufstellflächen für exotische Kübelpflanzen, Bosketträume, regelmäßige Baumpflanzungen und quadratische erhöhte Terrassen mit Gitterpavillons angeordnet. Die gesamte Anlage war durch zahlreiche Skulpturen geschmückt. Einziger Überrest davon ist auf dem Rasen im vorderen Gartenteil die Figur der Minerva, der römischen Göttin des Handwerks, der Künstler, Dichter und Ärzte, zu erkennen an ihren Attributen Helm und Lanze.

Die Wasserkunst, die jenseits des Teiches den Garten abschließt, war einst das Prunkstück der Anlage. Eine hohe, mit drei Nischen versehene Bruchsteinmauer vermittelte durch ihren porösen Stein, die groben Fugen, den üppigen Moosbewuchs, die Verzierung mit Muscheln und vor allem durch das herunterplätschernde Wasser den Charakter einer Grotte. In den Nischen stehen heute Relikte des Figurenschmuckes, darunter ein Adler, der ursprünglich auf der Grotte thronte. Gerahmt wird die Grotte durch zwei steinerne Portale, die um 1600 für das Bückeburger

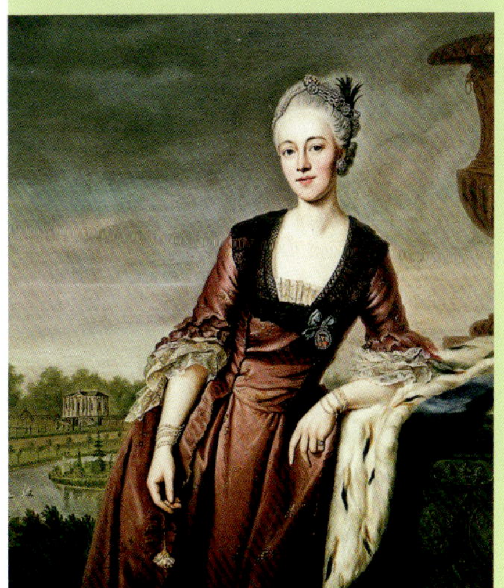

*Gräfin Marie Barbara Eleonore zu Schaumburg-Lippe (*1744 †1776) vor Schloss Baum*

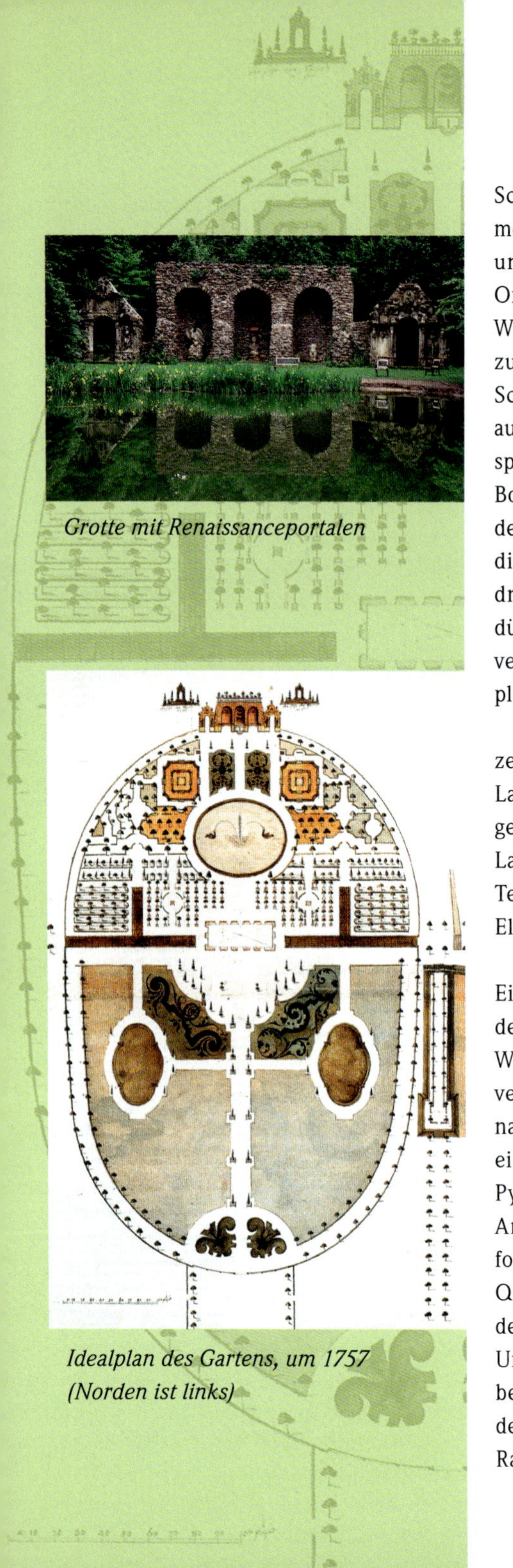

Grotte mit Renaissanceportalen

Idealplan des Gartens, um 1757 (Norden ist links)

Schloss geschaffen worden waren. Aufgrund von Umbaumaßnahmen hatte man sie 1730 in den dortigen Schlossgarten versetzt und 1758 mit 105 Wagenladungen nach Baum transportiert. Ihre Ornamentik und ihr figürlicher Schmuck symbolisieren das Wasser und die Musik. Um Fontänen und Wasserspiele im Garten zu ermöglichen, hatte man hinter der Grotte den sogenannten Schneckenberg aufgeschüttet. Über drei Kilometer wurde Wasser aus einem Bach nach Baum geleitet, wo es zum einen das Bassin speiste, zum anderen auf den Schneckenberg in einen hölzernen Bottich gepumpt wurde. Von hier gelangte es durch Röhren zu den Wasserspeiern und Springbrunnen. Abgesehen davon, dass die Wassermenge und der durch das Gefälle erreichte Wasserdruck kaum zu eindrucksvollen Ergebnissen geführt haben dürften, waren auch ständig Reparaturen nötig, da der Graben verschlammte, die Holzröhren faulten, die Kupferröhren bei Frost platzten und der hölzerne Bottich leckte.

Zu der Anlage von Baum gehörten ursprünglich neben dem zentralen Garten um das Schloss noch der Tiergarten jenseits der Landstraße, ein Wirtschaftshof mit Küchengarten und Orangeriegebäude (in unmittelbarer Nachbarschaft an der heutigen Landstraße gelegen) sowie ein Botanischer Garten um den großen Teich herum, der südlich des Schlosses im Wald liegt. Von diesen Elementen ist praktisch nichts erhalten.

Ein wenig abseits vom Schloss liegt im Wald die Grabpyramide der gräflichen Familie. 1774 war das einzige Kind von Graf Wilhelm und Gräfin Maria Eleonore im Alter von drei Jahren verstorben; nur zwei Jahre später verstarb auch die Gräfin. Direkt nach ihrem Tod begann Graf Wilhelm mit den Planungen für einen Begräbnisplatz. Es wurde eine einundzwanzigstufige Pyramide errichtet, deren Spitze von der Weltenkugel, der Armillarsphäre, gekrönt wird. Über dem Eingang findet sich folgende Inschrift: „Heilige Hoffnung, Ausfluss göttlicher Kraft, Quelle des beglückenden Gedankens, dass Verbindungen, welche den erkenntnisfähigen Theil unserer Wesen vereinigen, allen Umbildungen des Wandelbaren ohngeachtet, unzerstörbar bestehen. 1776“. Umgeben war die Pyramide von einem kreisrunden Ruhegarten. Es war geplant, dass ein spiralförmiger Weg am Rand der Anlage begann und mehrfach um die Pyramide herumführte, die man jedoch aufgrund von dichten Bepflanzungen erst sah, wenn man direkt vor ihr stand. Ob dieser Bereich jemals so ausgesehen hat, ist unklar, denn Graf Wilhelm starb bereits ein Jahr nach seiner Frau. Es ist anzunehmen, dass die Anlage daher nie ganz in seinem Sinne vollendet wurde. In den letzten Jahren wurde der Ruhegarten nach dem Plan von 1777 neu angelegt und der Weg mit Hecken eingerahmt.

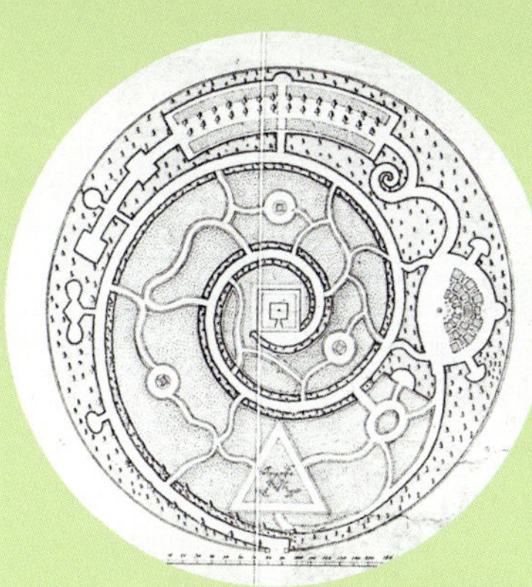

Plan des Ruhegartens um 1777

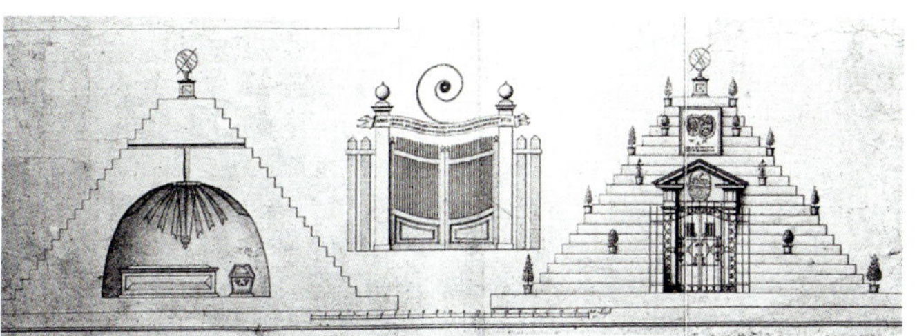

Grabpyramide im Schaumburger Wald

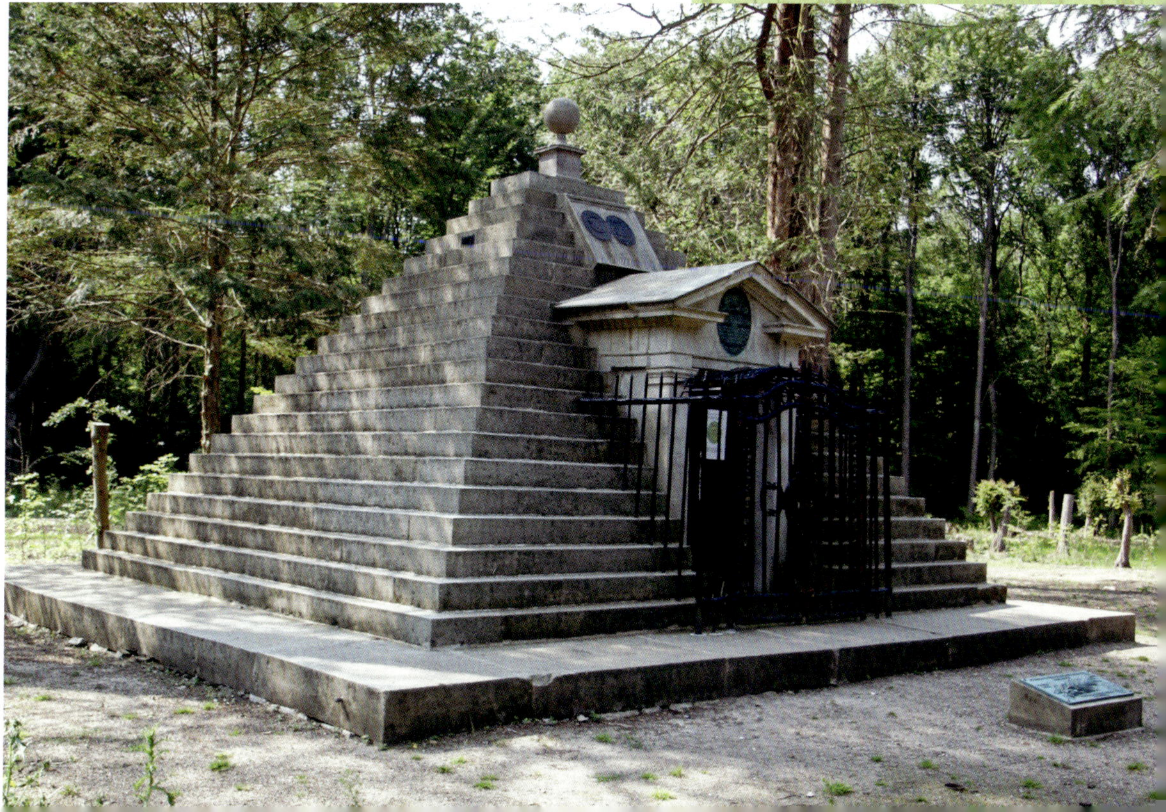

SCHLOSSPARK BÜCKEBURG

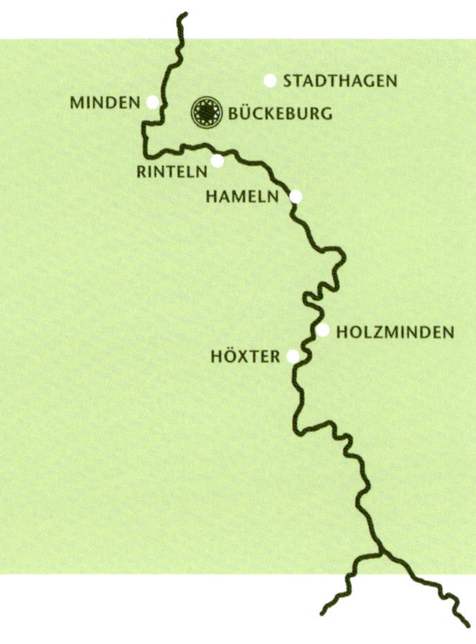

Schloss Bückeburg entstand um 1300 als Wasserburg, seitdem wurde es häufig umgebaut und erweitert. Der heutige Bau ist im Kern eine unregelmäßige Vierflügelanlage der Renaissance, die im Barock umgestaltet und Ende des 19. Jahrhunderts um einen weiteren Flügel und die beiden vorgelagerten Kavaliershäuser ergänzt wurde. Noch heute liegt das Schloss auf einer Insel, von einem breiten Wassergraben umgeben.

Die Anfänge des Gartens liegen im 16. Jahrhundert. Westlich des Schlosses hatte sich ein kleiner von Hecken eingefriedeter Renaissancegarten befunden, der unter anderem mit Lavendel, Nelken, Rosmarin, Salbei und Lorbeer bestückt war. Als schmückender Mittelpunkt hatte ihm vermutlich der Brunnen gedient, der heute am nördlichen Rand des Parkes etwas verloren auf dem Rasen steht. Seine umlaufende Inschrift verkündet ein Entstehungsdatum in den 1560er Jahren. Im 17. Jahrhundert wurde der Garten weiter ausgebaut. Es gab ein zweistöckiges Lusthaus, ein Orangeriegebäude und reichen Figurenschmuck. Die Blumenbeete waren von Buchs eingefasst, darin wuchsen auch die neuesten Importe aus dem Nahen Osten wie zum Beispiel Tulpen, für die große Summen ausgegeben wurden. Daneben gab es zahlreiche nicht winterharte Pflanzen in Kübeln, wie Pomeranzen, Feigen, Lorbeer, Granatapfel, Oleander und Jasmin. Unter Graf Albrecht Wolfgang zu Schaumburg-Lippe wurde der Garten

Das Bückeburger Schloss kann von April bis Oktober täglich besichtigt werden.

Der Schlosspark ist öffentlich zugänglich.

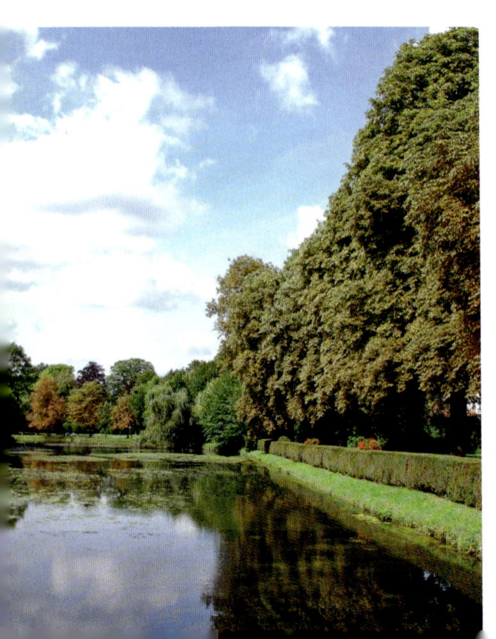

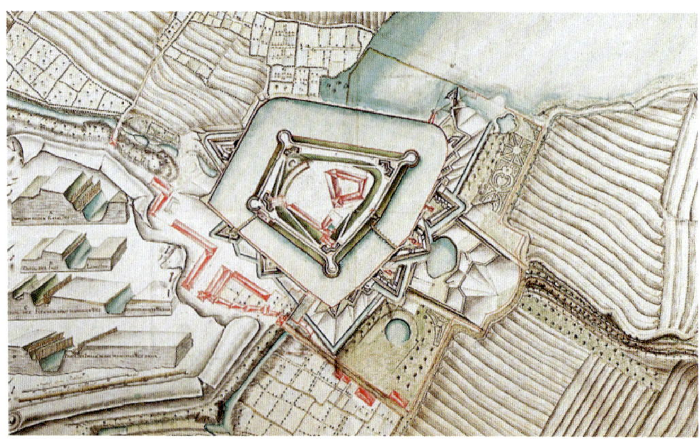

Befestigungsanlagen zerstörten Teile des Gartens, Plan um 1750

ab 1730 modernisiert. Es entstand ein Barockgarten, der an mehreren Längs- und Querachsen symmetrisch aufgebaut war. Einige Schnittpunkte der Achsen wurden durch Wasserbecken und Springbrunnen akzentuiert. Zwei steinerne Portale (heute in Baum) sowie die Figurengruppen von Adriaen de Vries, die heute als Kopie auf der Schlossbrücke stehen, bildeten den Abschluss der markanten Hauptachse. Im Süden wurde der Garten durch ein Berceau, einen Laubengang aus Holzlatten, geschlossen. Die Binnenstruktur dieses Gartens bestand aus rechteckigen Beeten, die von niedrigen Buchshecken eingefasst und durch Eibenkegel akzentuiert wurden. Auch ein Labyrinth war vorhanden. Aus der barocken Anlage hat sich nichts erhalten, außer vielleicht die gerade Wegführung direkt an der Graft.

Mit der Regierungsübernahme von Albrecht Wolfgangs Sohn Wilhelm im Jahre 1748 trat eine jähe Zäsur in der Entwicklung

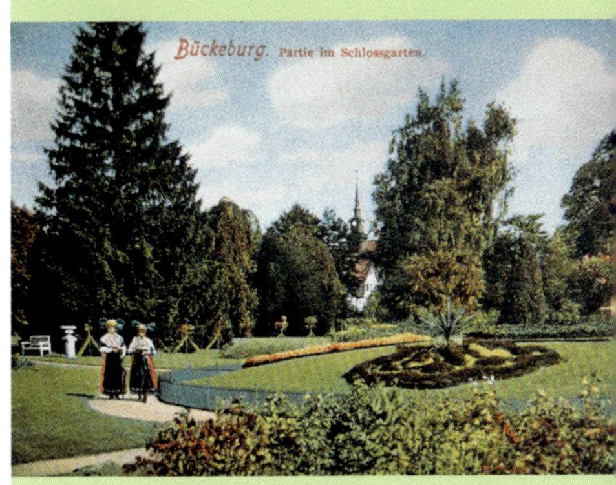

Im Rosengarten, um 1900

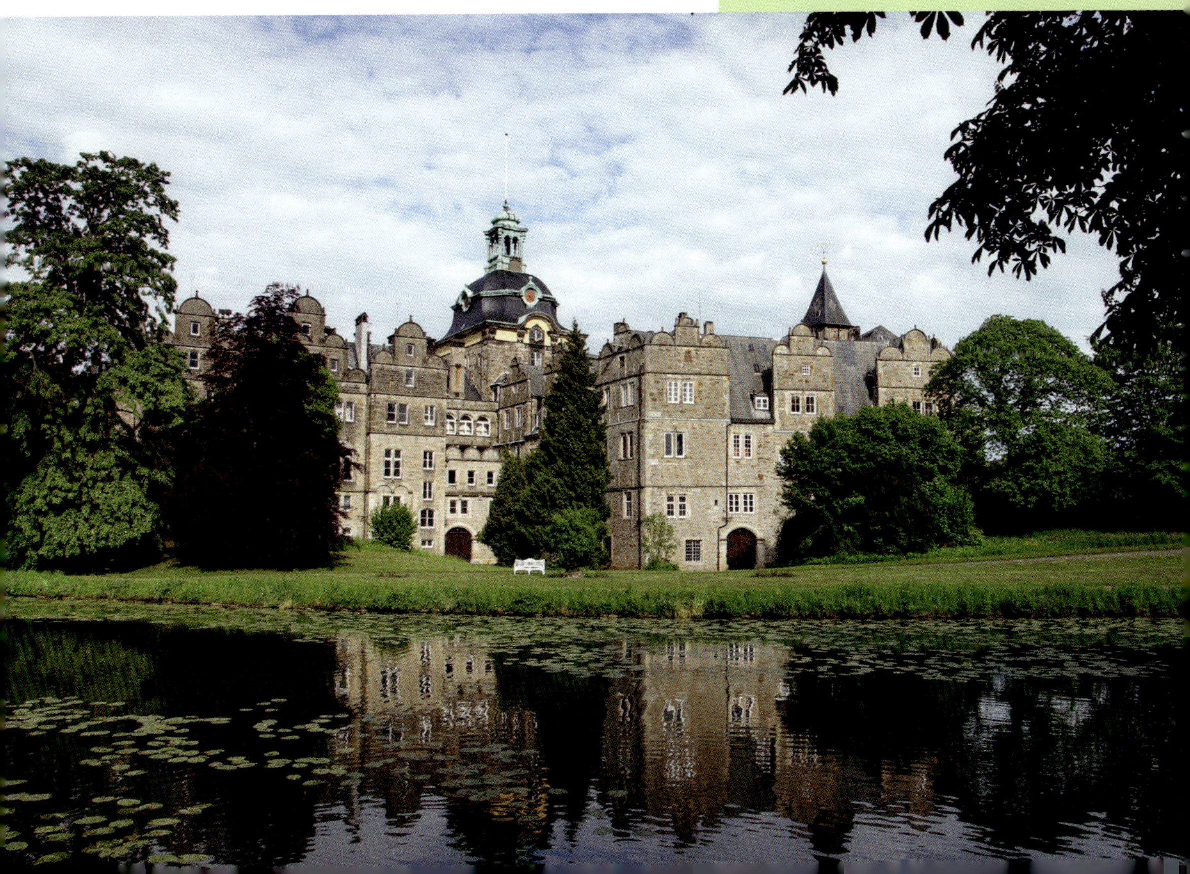

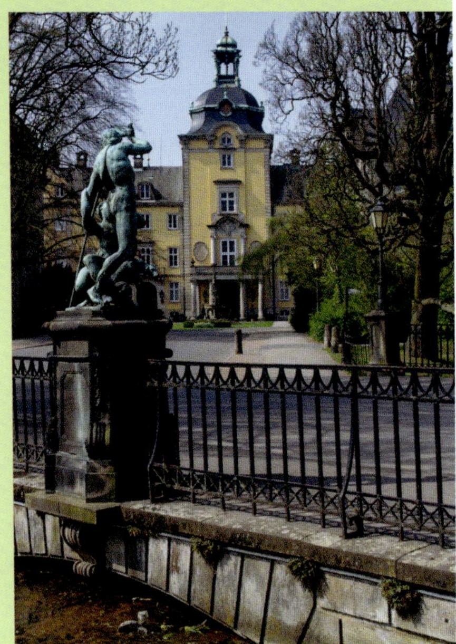

Plastik von Adriaen de Vries auf der Schlossbrücke

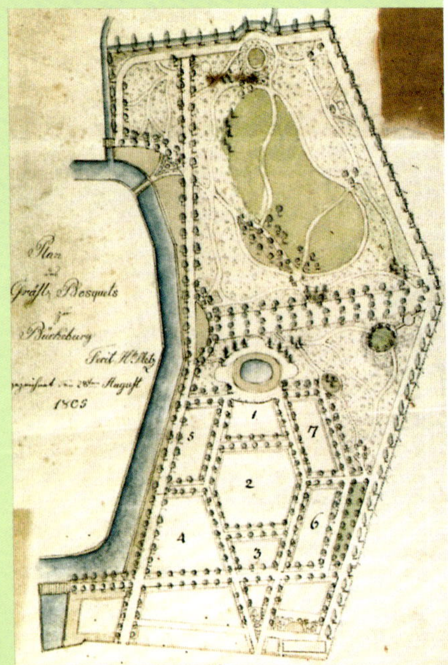

Plan von 1805

des Schlossgartens ein. Wilhelm hatte ein Faible für das Militär und fühlte sich durch seine Nachbarstaaten bedroht. Deshalb ließ er eine Befestigungsanlage rund um das Bückeburger Schloss bauen, der weite Teile des Gartens zum Opfer fielen. Pflanzen und bewegliches Inventar wurden verkauft oder nach Baum transportiert (so die erwähnten Sandsteinportale).

Doch schon dreißig Jahre später, nach Wilhelms Tod, wurden die Befestigungsanlagen beseitigt. Graf Philipp Ernst und seine Frau Juliane veranlassten ab 1777 eine neue gärtnerische Gestaltung des Areals. Inzwischen hatte sich der Gartengeschmack vom formalen zum landschaftlichen Stil gewandelt. Es wurde eine noch heute erhaltene vierreihige Lindenallee angelegt (1950 erneuert), die ähnlich der barocken Hauptachse, jedoch leicht nach Süden versetzt, den Garten in zwei Hälften teilte. Die Verschiebung der Achse kam daher, dass man die Allee in gerader Verlängerung der Straße nach Minden auf die Schlossinsel zuführen wollte. An sich ein zu dieser Zeit bereits veraltetes Motiv, doch manchmal zählt der persönliche Geschmack eben mehr als die Mode.

Der Weg direkt an der Graft wurde 1785 mit Kastanien bepflanzt, von denen noch einige Exemplare erhalten sind. In der nördlichen Hälfte des Gartens wurde das Gelände in rautenförmige Stücke geteilt und für den Obst- und Gemüseanbau genutzt. Als Zierelement diente hier ein kleiner Teich, wohl ein Rest der zu den Verteidigungsanlagen gehörenden Gräben. Dieses so genannte „Tintenfass“ (wegen seiner dunklen Wasserfarbe) ist noch heute nördlich der breiten Querallee vorhanden. Der südliche Gartenteil wurde im landschaftlichen Stil angelegt. Dabei führten geschlängelte Wege um eine zentrale Wiese herum durch einen hainartigen Bestand aus Ahorn, Pappel, Birke, Erle und Lärche.

Ab 1870 erfolgte eine weitere intensive Umgestaltungsphase. Im Zuge der Neubauten der beiden Kavaliershäuser vor dem Schloss wurde auch der Schlossvorplatz neugestaltet, nach einer Planung des hannoverschen Gartenbaudirektors Julius Trip. Er besteht im Wesentlichen aus zwei halbkreisförmigen Rasenstücken, die von einer Thujahecke eingefasst werden, und einer länglichen Rasenfläche dazwischen. Auf dieser steht der sogenannte Tugendbrunnen von 1552, der sich bis 1920 in Stadthagen befand.

Im Schlosspark wurden die Obst- und Gemüseflächen aufgegeben und auch der nördliche Teil in die Gestaltung miteinbezogen. Auf dem Gelände des ehemaligen Nutzgartens wurde ein großes rundes Teppichbeet angelegt, seit den 1920er Jahren ist es ein Rosengarten, der heute von einer Eibenhecke umgeben ist. Nördlich des Rosengartens steht eine alte Sonnenuhr unbekannter Herkunft. Ebenfalls in den 1920er Jahren wurden die Tennisplätze in den Park eingefügt.

Im Schlosspark herrscht eine große Artenvielfalt. Viele der Bäume stammen noch aus der Umgestaltungsphase ab 1870, doch auch im letzten Jahrhundert wurden viele Exoten (nach-) gepflanzt. So finden sich beispielsweise Schnurbaum, Essigbaum, Blauglockenbaum, Mammutbaum, chinesisches Rotholz, Trompetenbaum, Ginkgo, Tulpenbaum und auch eine Süntelbuche, die anlässlich der Silberhochzeit des Fürstenpaares 1907 gepflanzt wurde.

Südlich des Gartens befindet sich ein feuchtes Gebiet, das hauptsächlich mit Pappeln bestanden ist. 1906 beauftragte Fürst Georg den Wiener Garteninspektor Franz Maxwald mit der Planung für eine Parkerweiterung auf diesem Gelände. Die Ausführung kam allerdings nicht über erste Anfänge hinaus.

Im Jahre 1912 wurde das Mausoleum im Westen der Anlage vollendet. Vom Schlosspark aus führt eine Birkenallee zunächst axial auf das gewaltige Bauwerk zu, dann jedoch teilt sich der Weg nach rechts und links und eine weite Wiesenfläche lässt die Monumentalität des Mausoleums richtig zur Geltung kommen. Es ist gerahmt von immergrünen Nadelgehölzen.

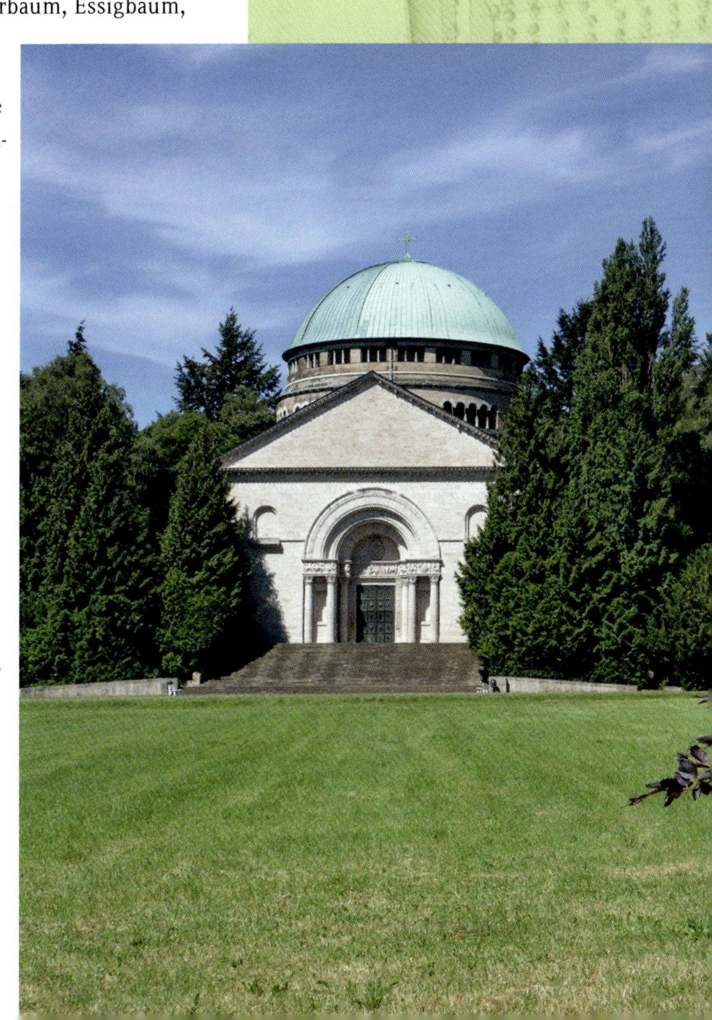

Mausoleum der fürstlichen Familie

PALAISGARTEN BÜCKEBURG

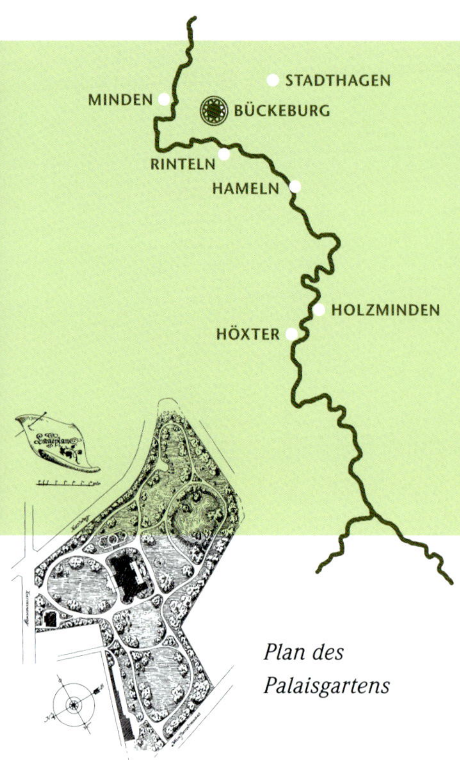

Plan des Palaisgartens

Herminenstraße 23 a, Bückeburg
Die Anlage ist öffentlich zugänglich.

In der Nähe des Schlosses Bückeburg wurde für Fürstin Hermine zu Schaumburg-Lippe in den 1890er Jahren das Neue Palais im Stil der Neorenaissance als Witwensitz errichtet. Der Garten dazu wurde von Alfred Menzel entworfen. Dieser hatte im Bückeburger Residenzgarten seine Gärtnerlehre absolviert, war dann nach Potsdam gewechselt und später königlicher Gartenbaudirektor in Breslau geworden. Gleichwohl schien der Kontakt in die Heimat nicht abgerissen zu sein.

Es handelte sich um einen typischen Villengarten des ausgehenden 19. Jahrhunderts, der jedoch in seiner Dimension dem Repräsentationsanspruch einer fürstlichen Residenz nachkam. An der Herminenstraße liegt der Haupteingang, eine rondellartige Auffahrt führt zum Palais, in dem sich heute eine Berufsbildende Schule befindet. Vor der Ostfassade des Palais lag ursprünglich ein Rosengarten mit regelmäßigen Beeten. Davon hat sich nur eine Rasenfläche erhalten, zu der einige Treppenstufen hinaufführen. Der eigentliche Garten liegt rechts neben und hinter dem Haus und besteht im Wesentlichen aus zentralen Wiesenflächen mit einzelnen Baumgruppen, wo hingegen die Grundstücksgrenzen mit dichtem Baum- und Strauchbewuchs abgepflanzt sind. Nach rechts zur Georgenstraße fällt das Gelände leicht ab, so dass man vom Haus aus das Schloss sehen konnte.

Auf der Südseite des Palais liegt eine Veranda. Im Bereich davor wurde ein großer unregelmäßig geformter Teich mit starken Ausbuchtungen und Inseln geschaffen. Um auf dieser Seite den Blick in Richtung Wesergebirge zu ermöglichen, war die Grenzabpflanzung an einigen Stellen unterbrochen.

Der Park hat durch Einbauten jüngeren Datums viel von seinem Charakter eingebüßt. So sind westlich des Hauses Parkplätze geschaffen worden und oberhalb des Teiches ist eine große Fläche durch den Neubau eines Seniorenheims verlorengegangen.

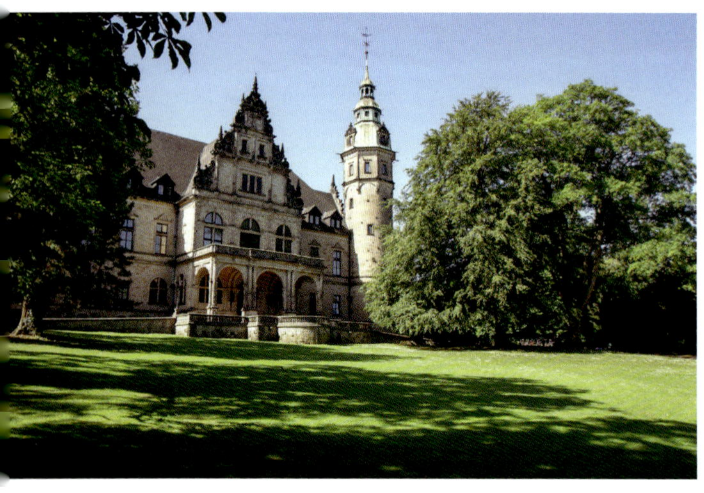

Palais von der Gartenseite

PARK KLUS

An der Grenze der Grafschaft Schaumburg nach Minden liegt ein altes Gasthaus mit Namen Klus. Hier schuf sich die vormundschaftlich regierende Fürstin Juliane zu Schaumburg-Lippe Ende des 18. Jahrhunderts einen Garten für den privaten Rückzug. Geblieben ist davon nicht viel, doch mit etwas Fantasie kann es gelingen, in dem feuchten Waldstück den einstigen Garten zu erkennen. Es handelte sich um eine landschaftliche Anlage, die in den vorhandenen Wald eingefügt wurde. Direkt gegenüber dem Gasthaus „Große Klus" führt heute noch eine Allee in den Wald. Der Weg führt geradewegs auf einen künstlichen Teich zu, in dem zwei Inseln liegen.

Nun muss man versuchen, sich das Gelände sowohl entlang der Allee als auch um den Teich herum als gestalten Park vorzustellen. Geschwungene Wege wurden von Rasenflächen und wohlplatzierten Baumgruppen begleitet, Brücken führten zu der größeren Insel und über die Zu- und Abflüsse des Teiches. Bänke luden zum Verweilen ein und exotisch dekorierte Hütten brachten einen Hauch der weiten Welt nach Schaumburg-Lippe.

Es ist der Gedanke der Freiheit, der Aufklärung, der in der Anlage zum Ausdruck kommen sollte. Auf vermutlich unverwirklichten Entwürfen ist eine Insel im Teich als „Rousseau-Insel" gestaltet. Nach dem Tode des Philosophen im Jahr 1778 wurden in Anknüpfung an die ihm gewidmete Grabinsel in Ermenonville in zahlreichen Landschaftsgärten Inseln mit einem Kreis von Pyramidenpappeln bepflanzt, wie man es beispielsweise heute noch in Wörlitz sehen kann. Auch sollte ein strohgedecktes Borkenhäuschen Assoziationen mit Tahiti wecken, einem Ort, wo die Anhänger der Aufklärung im letzten Viertel des 18. Jahrhunderts die Ideale der Revolution bereits verwirklicht glaubten.

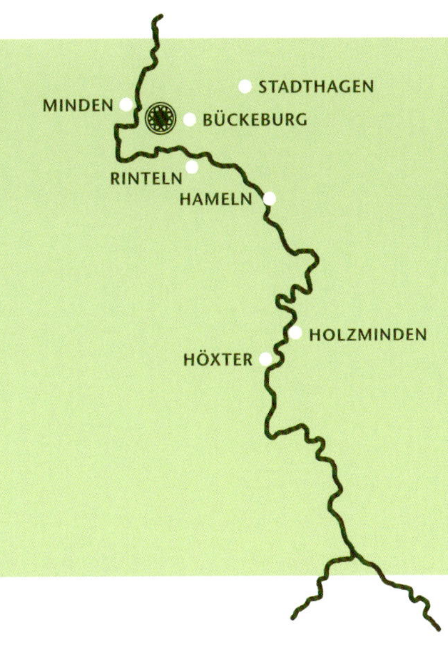

Gegenüber des Gasthauses „Große Klus" (großes Fachwerkhaus) direkt an der L 534 im Wald zwischen Röcke und Clus

Die Anlage ist öffentlich zugänglich.

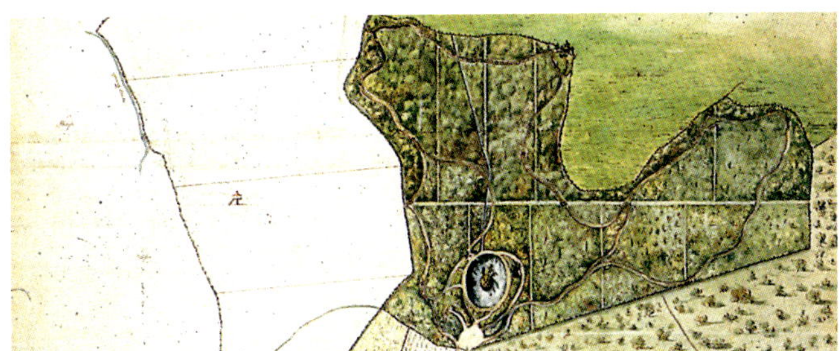

Historischer Plan, um 1800

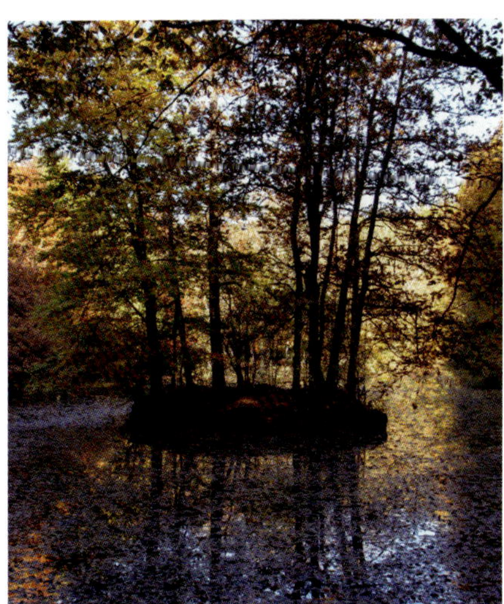

Teich im Herbst

KURPARK BAD EILSEN

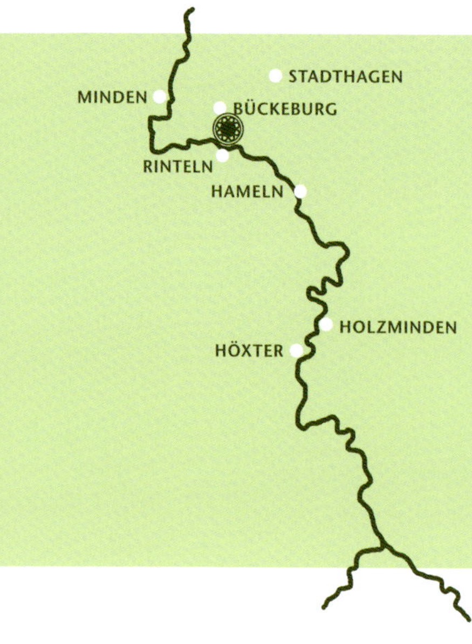

Der Kurpark in Bad Eilsen verdankt seine Gründung der Fürstin Juliane zu Schaumburg-Lippe. Als sie davon hörte, dass es in Eilsen Schwefelquellen gibt, veranlasste sie 1792 eine chemische Untersuchung des Wassers und beschloss, einen Kurort zu gründen. Nach ihrem frühen Tod 1799 übernahm zunächst der Vormund ihres Sohnes, Graf von Wallmoden-Gimborn und später dann ihr Sohn den weiteren Ausbau des Bades, das um 1805 als erstes Schwefel-Schlammbad Deutschlands seinen Kurbetrieb aufnahm. Im Laufe des 19. Jahrhunderts entwickelte es sich zu einem beliebten Modebad, das nicht nur von der fürstlichen Familie, sondern auch von berühmten Persönlichkeiten wie Franz Liszt und Gerhart Hauptmann besucht wurde. Anfang des 20. Jahrhunderts erfolgte eine umfassende Modernisierung, bei der die alten Fachwerkhäuser abgerissen und durch neue Häuser ersetzt wurden. Die meisten heutigen Gebäude stammen aus dieser Zeit, wie etwa das 1918 erbaute Hotel Fürstenhof. Nur das Georg-Wilhelm-Haus stammt in seinem Kern aus den Anfangsjahren des Bades.

Das Gelände, auf dem sich heute Kurpark und Kureinrichtungen befinden, war ursprünglich eine sumpfige Wiese. Deshalb wurden zunächst die verstreut liegenden Quellen gefasst und der Bach Aue begradigt, bevor man mit der Errichtung von Bade- und Logierhäusern beginnen konnte. Die Grünanlagen hatten von Anfang an einen hohen Stellenwert. Grundgerüst war und ist ein Alleenkreuz, gebildet aus Harrlallee und Brunnenpromenade.

In der Ortsmitte

Der Park ist ganzjährig öffentlich zugänglich.

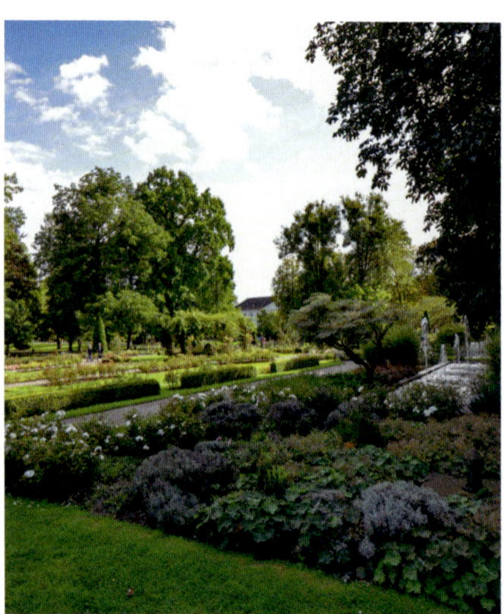

Schmuckrabatten im Park

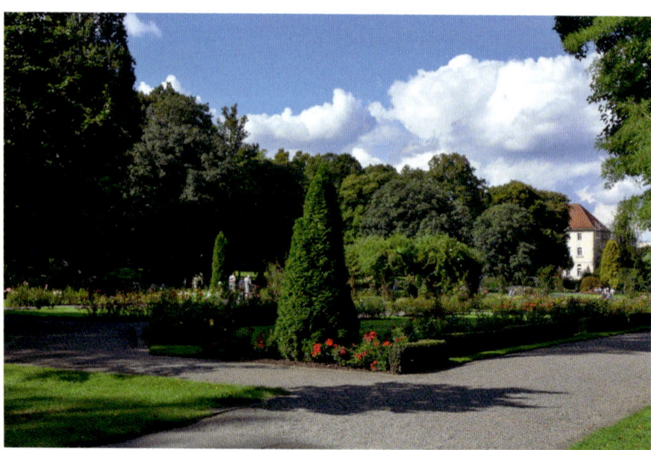

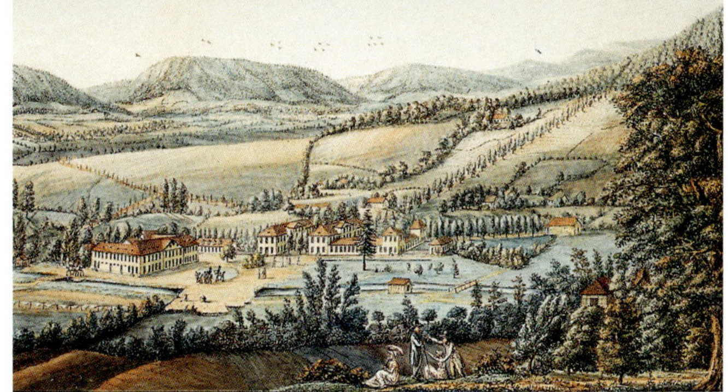

Bad Eilsen, Anfang des 19. Jahrhunderts

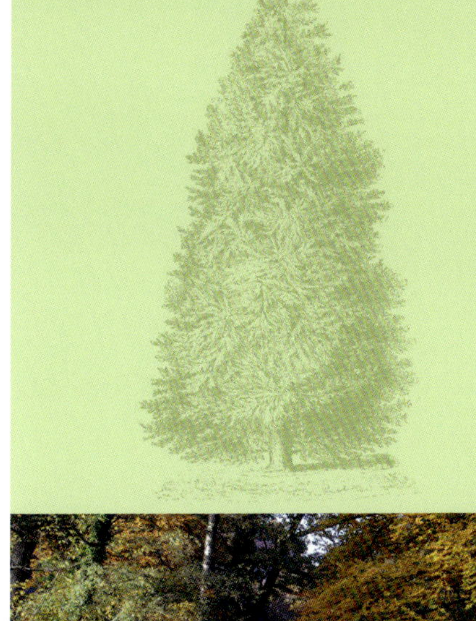

Die Harrlallee, benannt nach dem Höhenzug zwischen Bückeburg und Eilsen, wurde bereits um 1800 angelegt. Man hatte sie zunächst abwechselnd mit Pappeln und Linden bepflanzt, da es Lieferschwierigkeiten für die in Bremen bestellten Linden gab; heute besteht sie ausschließlich aus hoch aufragenden Linden. Sie führt vom Waldrand den Hang hinunter, kreuzt die heute leider stark befahrene Hauptstraße und läuft im Kurpark direkt auf die so genannte „Tuffsteinquelle" zu, welche von einem 1914 geschaffenen Säulenhalbkreis betont wird.

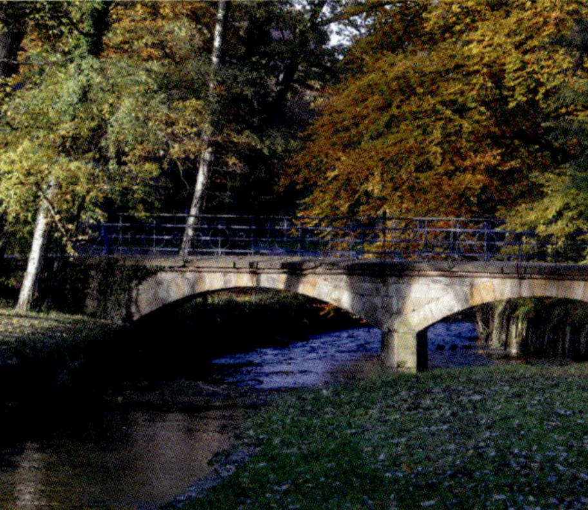

Auebrücke im Park

Diesseits des Baches wird der Park durch Wege und Allee rasterförmig gegliedert. Von der Harrlallee zweigt im rechten Winkel die Brunnenpromenade ab, die 1806 ebenfalls als Pappel- und Lindenallee angelegt wurde und seit den 1960er Jahren durch ein Band aus runden und länglichen Wasserbecken mit Springbrunnen geprägt ist. An ihr liegt die Julianenquelle, deren Brunnenhaus 1918 entstand. Rotblühende Kastanien säumen heute den Weg. Ein umfangreiches Rosarium erstreckt sich neben der Brunnenpromenade. Auf der anderen Seite der Harrlallee befindet sich der Konzertplatz, der durch regelmäßig gepflanzte Kastanien beschattet wird.

Jenseits der Aue ist die Gestaltung landschaftlicher. Weite Rasenflächen werden von sanft geschwungenen Wegen durchzogen. Die Bäume sind häufig in Gruppen der gleichen Art, beispielsweise Linden, Platanen oder Lärchen, gepflanzt, was recht reizvoll wirkt. Auch sind im Park viele Exoten verteilt wie Tulpenbaum, Mammutbaum oder Persische Eiche. Erfreulicherweise sind fast alle Bäume beschriftet, so dass Besucher auf botanische Entdeckertour gehen können.

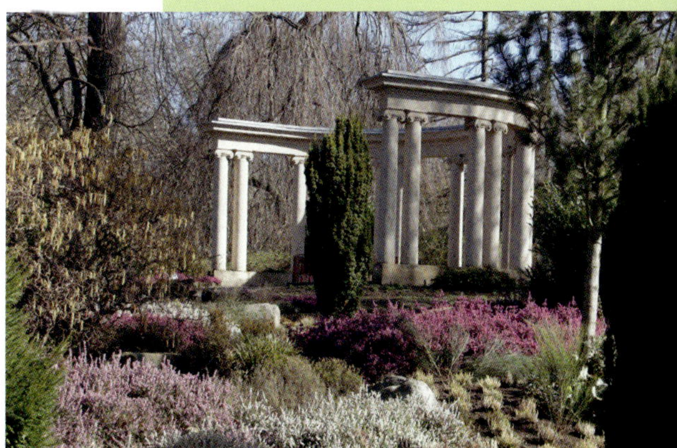

Tuffsteinquelle

WALLANLAGEN RINTELN

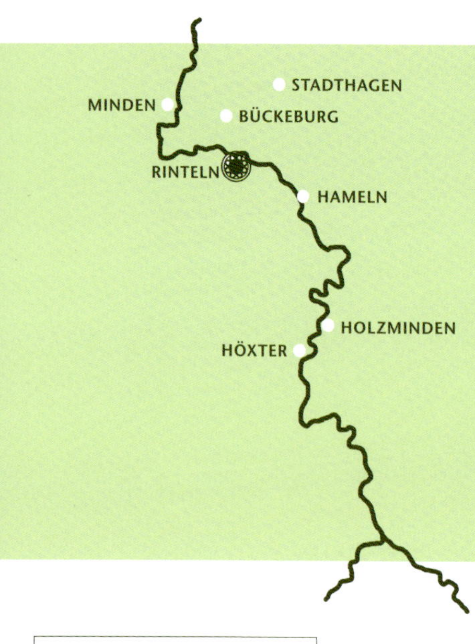

Rinteln liegt direkt an der Weser und wurde um 1230 durch Graf Adolf zu Holstein-Schaumburg gegründet. Dass es sich um eine planmäßig angelegte Stadt handelt, erkennt man an dem rasterförmigen Straßenverlauf, der sich bis heute erhalten hat. Geschützt wurde die Stadt durch eine Stadtmauer mit Wall und Graben. Nach dem Dreißigjährigen Krieg war der östliche Teil des Schaumburger Landes der Landgrafschaft Hessen-Kassel zugeschlagen worden (die sogenannte Grafschaft Schaumburg hessischen Anteils im Gegensatz zur westlich angrenzenden Grafschaft Schaumburg lippischen Anteils). Rinteln wurde die Hauptstadt dieser hessischen Exklave.

Im Jahr 1665 wurde auf Veranlassung der hessischen Landgräfin Hedwig Sophie mit dem Ausbau Rintelns zur Festung begonnen. Über zehn Jahre dauerten die Arbeiten an dem mächtigen Bauwerk, das nach dem Vorbild des französischen Festungsbaumeisters Vauban auf sternförmigem Grundriss rund um die Stadt errichtet wurde, wobei die alte Stadtmauer bestehen blieb und davor Hauptwall, Vorwall (Faussebraie), Wassergraben und Außenwall (Contrescarpe) angelegt wurden. Einschließlich der freizuhaltenen Fläche (Glacis) vor dem Außenwall hatte die Anlage eine Breite von achtzig Metern. Dafür wurden zahllose Bürger, die vor der alten Stadtmauer Nutzgärten unterhielten, enteignet.

Der Wall umgibt das alte Stadtzentrum von Rinteln.

Die Anlagen sind öffentlich zugänglich.

Seinen Zweck erfüllte das aufwendige Bauwerk allerdings kaum, denn sowohl im Siebenjährigen Krieg (1756-1763) als auch in den Napoleonischen Kriegen wurde Rinteln kampflos eingenommen. So war es denn auch der französische Generalgouverneur Gobert, der im Dezember 1806 befahl, dass die Festung innerhalb von vier Tagen geschliffen werden solle. Dazu wurden, wie schon hundertvierzig Jahre zuvor zum Bau, Bauern und Stadtbürger zwangsverpflichtet. Die Arbeiten zogen sich aber doch über Monate hin.

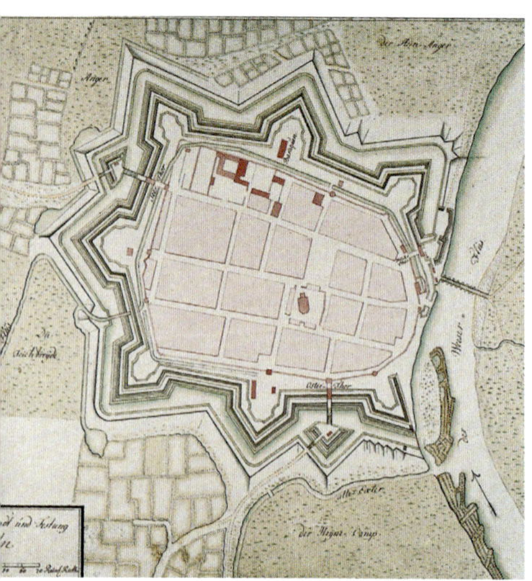

Stadtplan von Rinteln, 18. Jahrhundert

Auf dem Hauptwall wurde eine Promenade angelegt und eine Allee aus italienischen Pappeln gepflanzt. Im westlichen Teil wurde eine Parkanlage, der Blumenwall, geschaffen. Die Gestaltung hatte der hessische Hofgärtner George Wilhelm Homburg aus Nenndorf 1807 bis 1809 vorgenommen. Homburg unterstand auch der Botanische Garten der Rintelner Universität. 1815 fertigte er einen Plan an, der den Grundriss der Anlage und die

Ansicht eines am Wallgraben zu erbauenden Badehauses zeigt. In Abbildungen werden dessen Aussehen und Funktion vorgestellt. Dieses Projekt verweist bereits auf die im 19. Jahrhundert in den Städten verstärkt einsetzenden Gestaltungen öffentlichen Grüns.

Das übrige Land wurde parzelliert und an Rintelner Bürger verpachtet, mit der Auflage, es nur gartenbaulich zu nutzen, falls man doch einmal wieder würde befestigen müssen. Nachdem dieser Gedanke endgültig vom Tisch war, konnten die Bürger das Land ab 1865 kaufen.

Noch heute bildet das Zickzack der Straße auf dem ehemaligen Wall deutlich den Verlauf der einstigen Befestigungsanlagen ab. Bei einem lohnenswerten Spaziergang kann man auf der Außenseite Villen aus den verschiedensten Bauphasen des 20. Jahrhunderts bestaunen, denn hier ist seit dem späten 19. Jahrhundert das bevorzugte Wohngebiet wohlhabender Bürger. Hinter den Häusern fallen die Gärten stark ab, daran erkennt man noch den ehemaligen Graben. Auf der Innenseite des Walls finden sich Reste der Stadtmauer und des inneren Stadtgrabens. Die Innenflächen der spitzen Bastionen sind durchweg als öffentliche oder private Grünflächen gestaltet.

Beim Blumenwall auf der westlichen Seite ist noch ein Stück der alten Graft erhalten. Der Park enthält weiterhin ein Rosarium, eine alte Lindenallee, zahlreiche Gedenksteine sowie zwei Gedenkeichen auf der Wallkrone: als ältesten Baum die sogenannte „Friedenseiche“ von 1813 (Ende der französischen Besatzungszeit) und daneben eine Eiche von 1871 (Gründung des Deutschen Reiches).

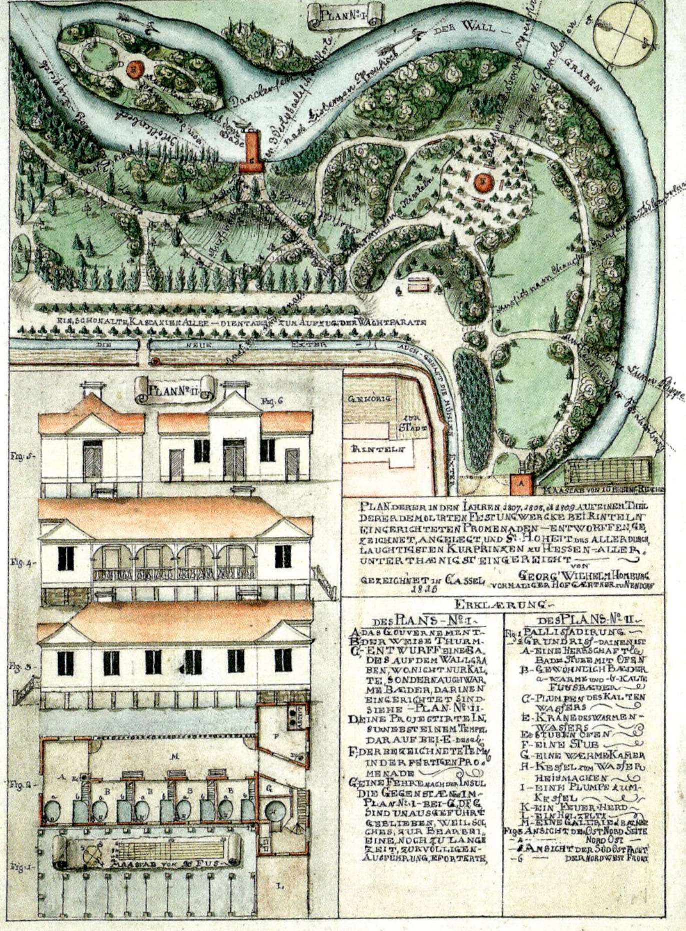

Plan der „eingerichteten Promenaden“, 1815 (G.W. Homburg)

Frühling am Blumenwall

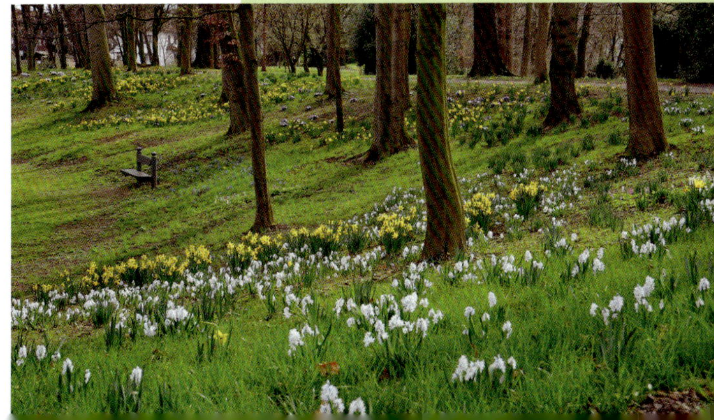

GUT EXTEN

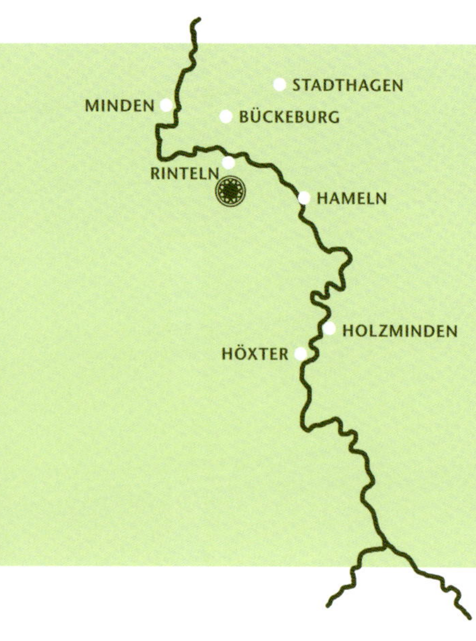

Das Gutshaus in Exten wurde 1727 durch Christian Philipp von Wartensleben errichtet, wohl auf den Grundmauern eines älteren Gebäudes. Seit der Mitte des 19. Jahrhunderts ist es im Besitz der Familie von Meien.

Direkt hinter dem Haus fließt die Exter, über eine Brücke gelangt man in den Garten. Eine erste barocke Gartenanlage entstand vermutlich im Zusammenhang mit dem Schlossneubau im Jahr 1727. Dabei handelte es sich um eine kleine formale Anlage, ein symmetrisch auf das Schloss ausgerichtetes Rechteck mit absidenförmigem Abschluss, das durch einen Längs- und mehrere Querwege in einzelne Felder geteilt wurde. Diese Felder muss man sich größtenteils mit Gemüse und Kräutern bestellt vorstellen. Als Zierde waren kleine Eibenpyramiden entlang der Hauptwege, ein Brunnen im Scheitelpunkt der beiden Hauptachsen sowie Statuen vorhanden. An der hausseitigen Schmal- und der nördlichen Längsseite diente die Exter als Begrenzung und Einfassung. Auf den anderen beiden Seiten war eine Graft angelegt, von der sich heute noch Reste im Gelände finden. Der Garten war somit fast vollständig von Wasser umgeben.

Gut Exten, Mittelstr. 23b, Rinteln

Besichtigung nach Anmeldung unter Tel.: (05751) 46614

Im 19. Jahrhundert fand eine landschaftliche Umgestaltung statt. Dazu legte der hessische Hofgärtner George Wilhelm Homburg 1807 einen Plan vor, von dem wahrscheinlich nur Teile umgesetzt wurden. Einige Elemente der barocken Vorgängeranlage hat Homburg in seinem Entwurf beibehalten: die zur Hälfte um den Garten führende Graft, die begleitenden Alleen und die Fontäne im Wasserbecken in der zentralen Hauptachse. Auch Otto von Münchhausen aus Schwöbber empfahl im „Hausvater" aus Gründen der Kostenersparnis zweckdienliche Reste der Vorgängeranlage in eine neue Planung zu übernehmen. Außerdem konnte man so auf vorhandene ausgewachsene Bäume zurückgreifen und musste nicht erst viel Zeit für einen jungen Aufwuchs opfern.

Heute erschließt ein axialer Hauptweg den Garten und führt vom Schloss zu einem Tor in der gegenüberliegenden Seite. Er wird von einer Eichenallee begleitet, die in der ersten Hälfte des 20. Jahrhunderts entstand, als man zur Geburt eines jeden Kindes einen Baum pflanzte. Die erste Eiche rechter Hand verdient besondere Beachtung: ihr bizarrer Wuchs ist unten der einer Korkenziehereiche, oben der einer Pyramideneiche. Sie ist eine

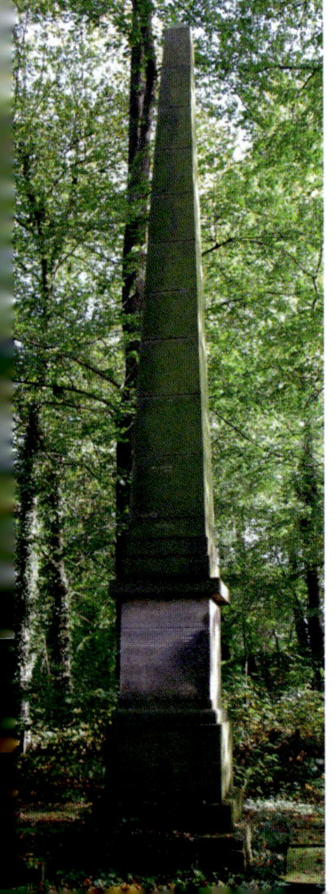

Obelisk auf dem Familienfriedhof

von den Solitärgewächsen, die im 19. Jahrhundert die zentrale Wiese schmückten, wovon auch noch zwei Esskastanien zeugen. Vor der Brücke zum Schloss ist der Weg zu einem Rondell mit zentralem Wasserbassin erweitert. Dies ist eine Schöpfung des 20. Jahrhunderts, wobei die Putten und Postamente wohl noch aus dem 18. Jahrhundert stammen. Homburg hatte sie in seinem Plan in Hausnähe platziert.

Der nördliche Gartenteil an der Exter vermittelt einen waldartigen Eindruck. Ein Randweg führt direkt am Fluss entlang. Homburg hatte hier das „Philosophen-Thal" geplant und noch heute wird der Weg „Philosophenweg" genannt. Auf der anderen Wegseite liegt die Vertiefung eines ehemaligen Teiches. Als er noch mit Wasser gefüllt war, muss der Weg zwischen zwei Gewässern besonders reizvoll gewesen sein. Um 1900 war er jedoch wahrscheinlich schon trockengefallen, denn es wurde ein Eiskeller in den Hang gebaut, in den im Winter Eisblöcke eingelagert wurden, die bis in den Sommer hinein hielten und so ein Frischhalten von Nahrungsmitteln ermöglichten. Oberhalb eines Wehres in der Exter befindet sich ein Aussichtsplatz mit weitem Blick in die Feldmark. In der äußersten nordwestlichen Ecke des Gartens ist über einem gemauerten Gewölbe Erdreich bis zur Mauerkrone aufgeschüttet worden. Sowohl in der Grotte als auch oben auf sind Sitzplätze zu denken. Davor liegt das Erbbegräbnis der Familie von Meien, dessen Mittelpunkt durch einen Obelisken akzentuiert wird, der um 1814 zum Gedenken an das Ende der Napoleonischen Kriege errichtet wurde und daher den Namen „Denkmal des Friedens" trägt.

Der südliche Teil des Gartens ist heute durch eine Hecke getrennt. Hier steht die 1810 errichtete Orangerie, die jetzt als Wohnhaus dient.

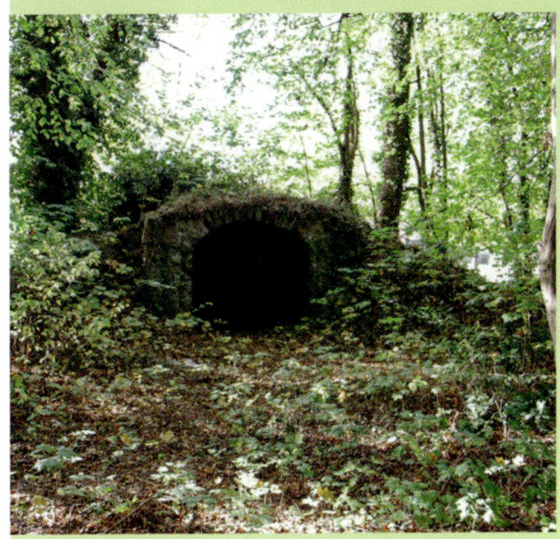

Grotte im Park

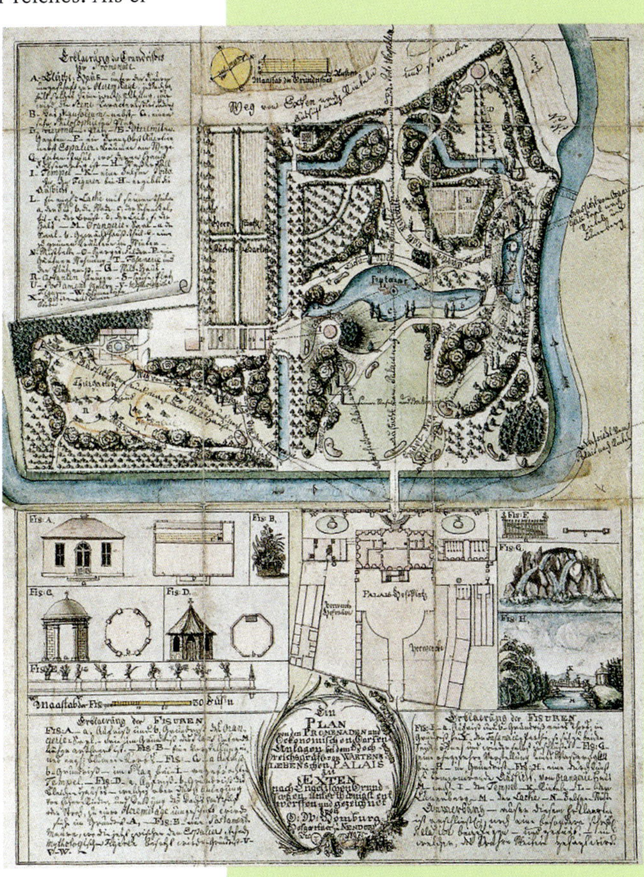

Entwurfsplan vom Gutspark Exten 1807 (G.W. Homburg)

STIFT FISCHBECK

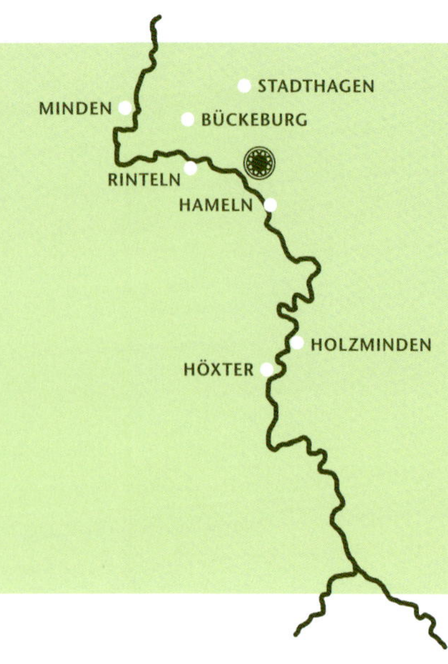

Das Damenstift Fischbeck wurde im Jahr 955 gegründet, wechselte 1559 zur lutherischen Konfession und wird heute noch von einer Äbtissin und Stiftsdamen bewohnt. Der Komplex setzt sich zusammen aus der Kirche und dem daran anschließenden Kreuzgang, sowie einer Vielzahl von weiteren Gebäuden, zumeist aus Fachwerk, die den einzelnen Stiftsdamen bis heute als separate Wohnungen dienen. Dazu kommen Scheunen und Stallungen, denn das Stift unterhielt in früheren Zeiten einen eigenen landwirtschaftlichen Betrieb. Vielfältige Gartenräume haben sich im Stift Fischbeck erhalten.

Von dem offenen Kreuzgang mit seinen wunderschönen Maßwerkfenstern gelangt man in den Kreuzgarten. Dieser wurde jahrhundertelang als Friedhof für die Stiftsdamen genutzt, wovon noch einige alte Grabplatten, die im Kreuzgang aufgestellt sind, zeugen. Erst 1824 wurde auf Grund der „Übernutzung" des Kreuzgartens außerhalb des Stiftsgeländes ein neuer Friedhof angelegt, zumal seit der Reformation der Wunsch, in der Nähe des Altars begraben zu werden, keine ausgeprägte Rolle mehr spielte. Anlässlich eines Besuches Kaiser Wilhelm II. im Jahre 1909 wurde der Kreuzhof aufwändig gestaltet. Dazu wurde ein Wegekreuz angelegt, in dessen Mitte eine Linde gepflanzt wurde. Diese ist inzwischen einem Rosenrondell gewichen und an den Seiten erfreuen üppige Staudenrabatten.

Im Zentrum von Fischbeck; Stiftstraße 88

Besichtigungen sind nach Anmeldung unter Tel.: (0 51 52) 86 03 möglich. Nähere Informationen unter www.stift-fischbeck.de

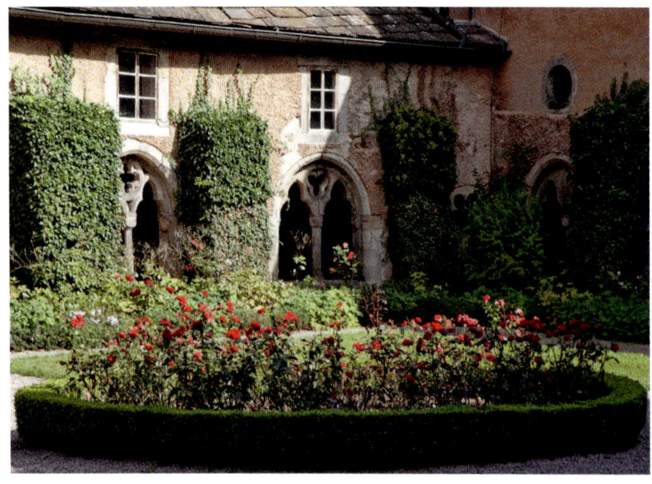

Innenhof mit Kreuzgang

Anders als bei einem katholischen Kloster führt bei einem evangelischen Damenstift jede Stiftsdame ihren eigenen Haushalt. Daher gab und gibt es für jede Dame ein Stück Gartenland zur eigenen Bewirtschaftung und Nutzung, die sogenannten Damengärten westlich der Stiftgebäude. Die schmalen langgestreckten Gärten schließen zum Teil unmittelbar an die Wohnungen an. Sie reichen bis zur äußeren Stiftsmauer und waren durch Staketenzäune voneinander getrennt. Die Aufteilung der gesamten Fläche in diese Einzelgärten hat sich seit 1774 nicht geändert. Allerdings haben sich die Gärten von ehemals vorrangigen Obst- und

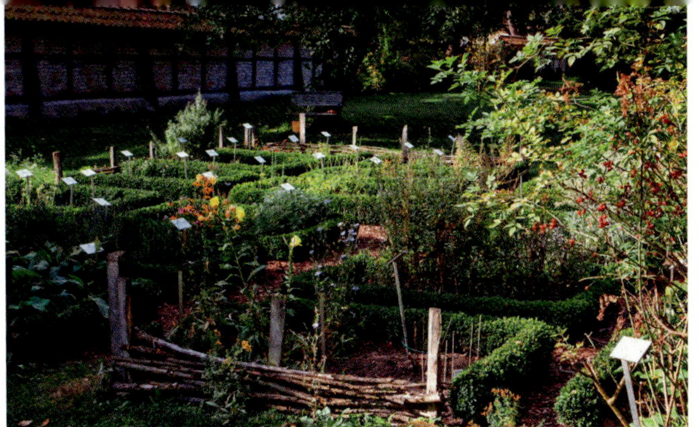

Kräuterbeete im Stiftsgarten

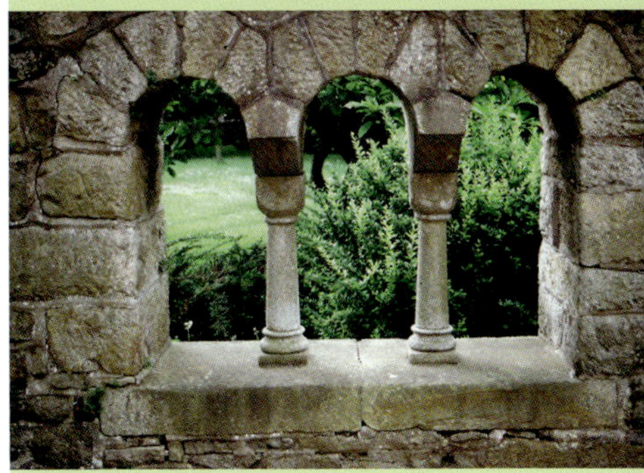

Mauerdurchblick in den Park

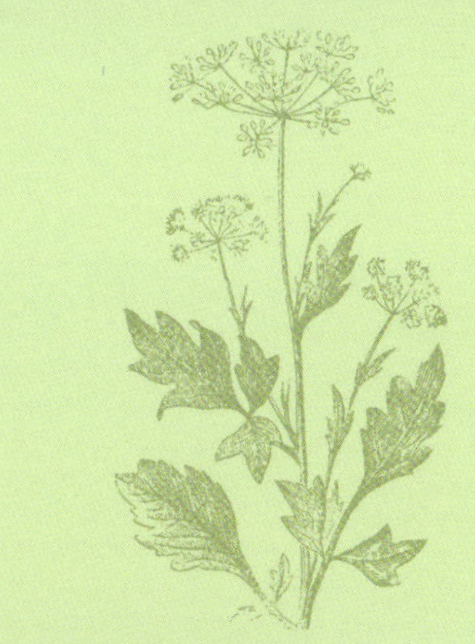

Gemüsegärten zu mehr oder weniger reinen Aufenthaltsgärten mit nur noch wenig Nutzfläche gewandelt. Doch auch in früheren Jahrhunderten spielte der Zieraspekt eine Rolle, wie einzelne sehr alte Bäume, darunter zwei Platanen und eine sogenannte tausendjährige Eibe bezeugen. Ein interessantes Detail sind die „Neugierden" an der Mauer am Ende der Gärten. Diese Erdhügel dienten als Sitzplätze, von denen man einen weiten Blick zur Weser hatte. Daneben gibt es auch einen halbrund ummauerten Sitzplatz, eine sogenannte Grotte. In einem der Gärten hat man in jüngster Zeit einen Kräutergarten nach mittelalterlichem Vorbild angelegt. Vierundzwanzig von Buchs eingefasste rechteckige Beete werden von einem Weidenflechtzaun umgeben. Hier wachsen Heil- und Würzkräuter, aber auch Symbolpflanzen wie Lilie und Rose (als Attribute der Jungfrau Maria).

Der äußerste Gartenstreifen wird von den übrigen Gärten durch eine alte Fachwerkmauer und von dem Wirtschaftshof durch eine historisierende Mauer im neoromanischen Stil mit hübschen Fensterdurchbrüchen getrennt. Hier hatte um 1800 die Äbtissin Dorothea Eleonore von Hammerstein einen kleinen landschaftlichen Park angelegt. Auch hier findet sich eine Grotte. Die Rasenfläche ist mit einigen Solitärgehölzen aus der Gründungszeit bestanden, darunter ein Ginkgo und eine Amerikanische Hasel.

Gegenüber dem Abteigebäude markieren einige Kastanien und Birken den Verlauf einer alten Allee. Durch ein Tor gelangt man in den Bereich des ehemaligen „Hopfengartens". Hier verweisen ein alter Walnussbaum sowie einige alte Obstbäume auf die Nutzung als Wirtschaftsgarten. Am Ende des gradlinigen Weges findet sich wiederum ein Hügel mit einer großen Linde zur Aussicht in die Landschaft.

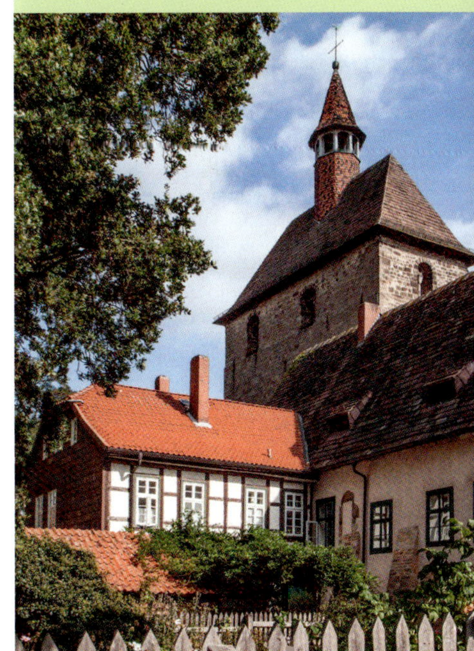

PFARRGARTEN BEBER

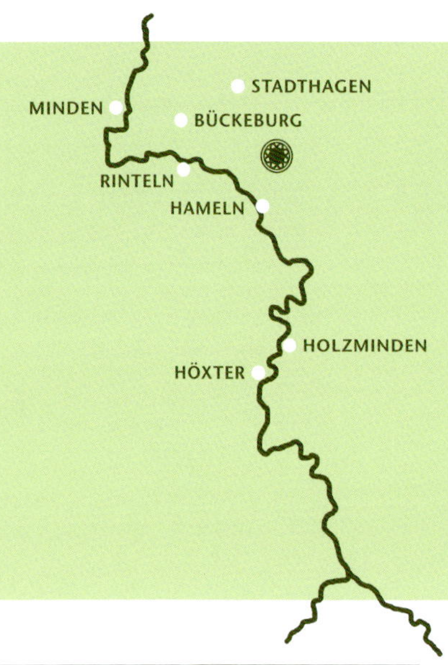

Bei dem Pfarrgarten in Beber handelt es sich um ein schönes Zeugnis ländlicher Gartenkultur, das zeigt, dass nicht nur adelige Gutsherren Interesse für die Gartenkunst hatten. Das zweistöckige Pfarrhaus aus Fachwerk wurde 1708 errichtet.

Sicherlich wird es ursprünglich von Nutzgärten umgeben gewesen sein. Im 19. Jahrhundert wurde mit der Anlage eines landschaftlichen Gartens begonnen. Prägendes Element ist ein kleiner Bach (die Zingel), der den Garten durchfließt und an mehreren Stellen überquert werden kann. In Hausnähe finden sich einige Ziersträucher, und im Frühling ist der Rasen übersäht von Frühjahrsblühern. Zahlreiche Buchskugeln setzen Akzente. Jenseits des Baches steigt das Gelände leicht an. Ein Rundweg führt vom Haus über den Bach dort hinauf, wo sich die besonderen Bäume des Garten befinden: eine mächtige, vielleicht 150 Jahre alte Süntelbuche und mehrere Schwarzkiefern mit gegabelten Stämmen.

Im Ortskern von Beber, neben der Kirche

Der Garten ist im Besitz der Kirchengemeinde und kann nach Anmeldung besichtigt werden. Tel.: (0 50 43) 4 58

Süntelbuche

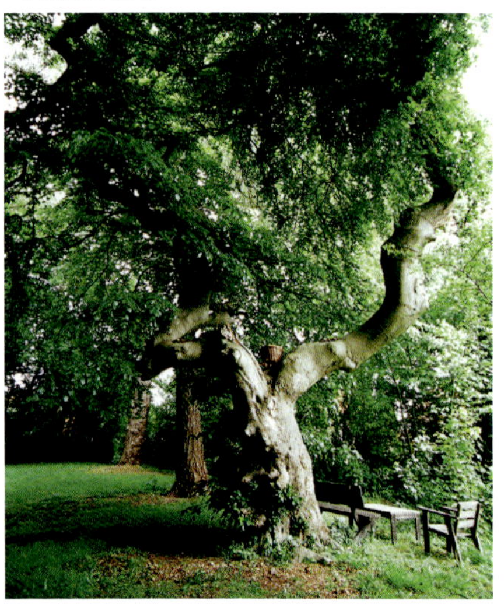

Weg über den Bach

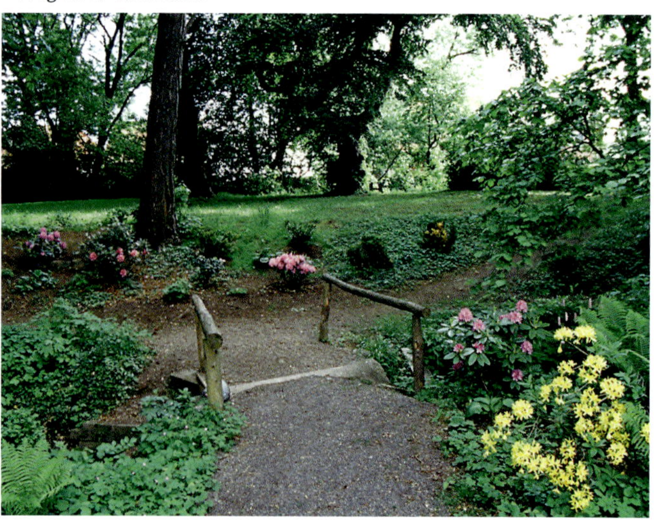

EXKURS SÜNTELBUCHE

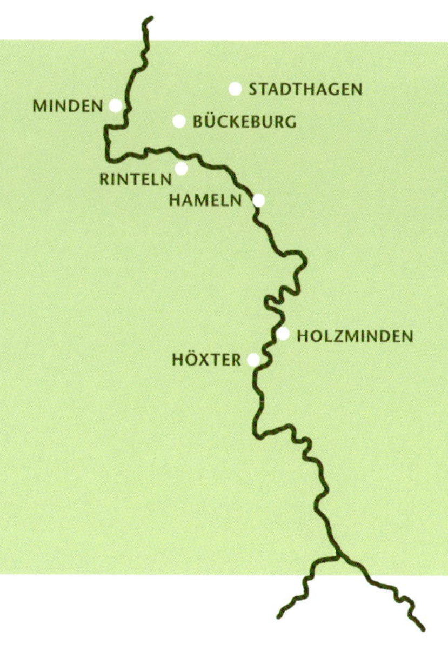

Ein besonderer Baum des Weserberglandes ist die Süntelbuche (Fagus sylvatica suentelensis). Es handelt sich dabei um eine Genmutation der Rotbuche, die aufgrund ihres häufigen Vorkommens im Süntel diesen Namen erhalten hat.

Äste wachsen kreuz und quer, knicken rechtwinklig ab, verwurzeln sich im Boden und wachsen wieder empor. Durch den bizarren Wuchs ist nicht mehr festzustellen, welcher Ast zum ursprünglichen Baum gehört.

In alter Zeit sah man die Süntelbuche als Teufelszeug an und nannte sie „Düwelsholt". Und da man das krumme Holz wirtschaftlich nicht gebrauchen konnte, – es ließ sich nicht einmal zu Brennholz stapeln –, hatte man gute Gründe, die Bäume auszurotten. Dies geschah in großem Umfang im 19. Jahrhundert und heute sind im Süntel kaum noch wilde Exemplare vorhanden.

Botanisch Interessierte wurden jedoch auf den Baum mit sonderbarem Wuchs aufmerksam. Der hessische Hofgärtner George Wilhelm Homburg hatte die Süntelbuche bereits um 1800 in seiner Nenndorfer Baumschule und auch im dortigen Park gepflanzt, damals noch unter der Bezeichnung „gemeine breitblättrige Büche, mit niederliegendem Stamm".

Die Süntelbuche hat seitdem als Parkbaum Karriere gemacht, zuerst in den Gärten der Herrensitze im Weserbergland, heute auch darüber hinaus. Im Berggarten in Hannover-Herrenhausen steht ein eindrucksvolles Exemplar aus dem 19. Jahrhundert. Der größte geschlossene Süntelbuchenbestand Deutschlands existiert im Kurpark von Bad Nenndorf. 1934 hat der damalige leitende Gärtner Carl Thon die Allee aus Sämlingen gezogen. Die Bucheckern hatte er von einem Gärtnergesellen per Fahrrad von einem Baum im Süntel holen lassen und etwa eintausend Pflanzen gezogen. Allerdings wuchs ein Großteil zu normalen Rotbuchen heran und nur ungefähr hundert Bäume entwickelten sich zu Süntelbuchen. Diese pflanzte er am Galenberg an den Rand der Liegewiese. Die Bäume sind in jeder Jahreszeit einen Besuch wert.

Süntelbuchen im Kurpark von Bad Nenndorf

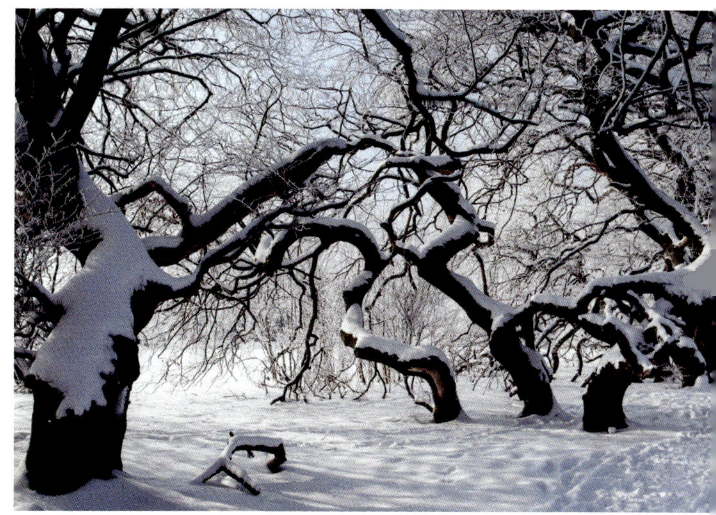

KURPARK BAD MÜNDER

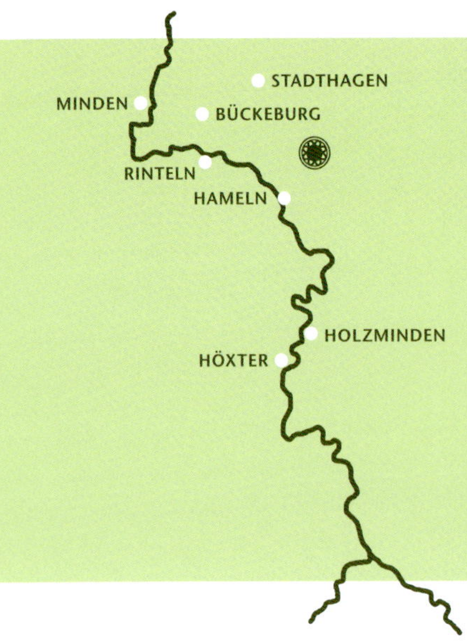

In Bad Münder entstand in den 1990er Jahren ein moderner Kurpark nach dem Entwurf des Schweizer Landschaftsarchitekten Dieter Kienast. Ihren besonderen Reiz erhält die Anlage durch ihre Hanglage und die akzentuierte Verwendung von Pflanzen und Wasser.

Der alte Kurpark am Fuß des Hanges, wo sich auch die Kureinrichtungen befinden, ist mit alten Kastanien und Buchen bestanden. Hier treten mehrere Quellen zu Tage, von denen eine mit einem schlichten Tempelchen überbaut ist. An einem Brunnen in Form eines drei Meter hohen Steinquaders sind an den Seiten die Symbole der vier wichtigsten Bestandteile des Heilwassers angebracht: Eisen, Sole, Magnesium und Schwefel. Ein nach historischem Vorbild errichtetes Gradierwerk verdeutlicht die Salzgewinnung in früheren Zeiten. Das Solewasser wird über ein Geflecht aus Schwarzdornzweigen geleitet, durch die Verdunstung beim Herunterrieseln erhöht sich die Konzentration der Sole im Wasser. Heute wird die gesundheitsfördernde Wirkung der Anlage genutzt, denn durch das Einatmen der feinen Aerosole werden Atemwegserkrankungen gelindert.

Den Hang hinauf erstreckt sich der neue Kurpark. Durch die Hanglage ergibt sich ein weiter Blick ins Tal, der besonders von dem „Bellevue“ benannten Aussichtsplatz genossen werden kann. Weite Rasenflächen wechseln ab mit Gehölzpflanzungen, die oft

Der Ausschilderung Kuranlagen ab Umgehungsstraße B244 folgen

Der Kur- und Landschaftspark ist ganzjährig öffentlich zugänglich.

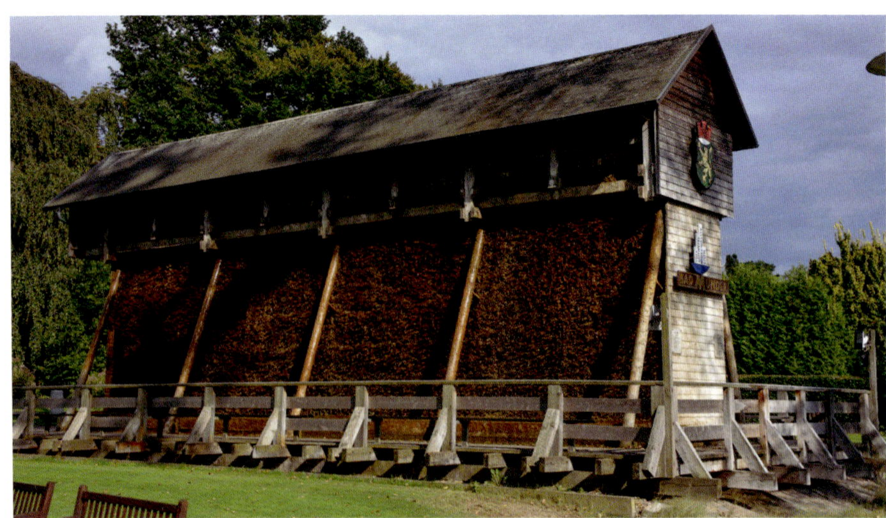

Nach historischem Vorbild erbautes Gradierwerk

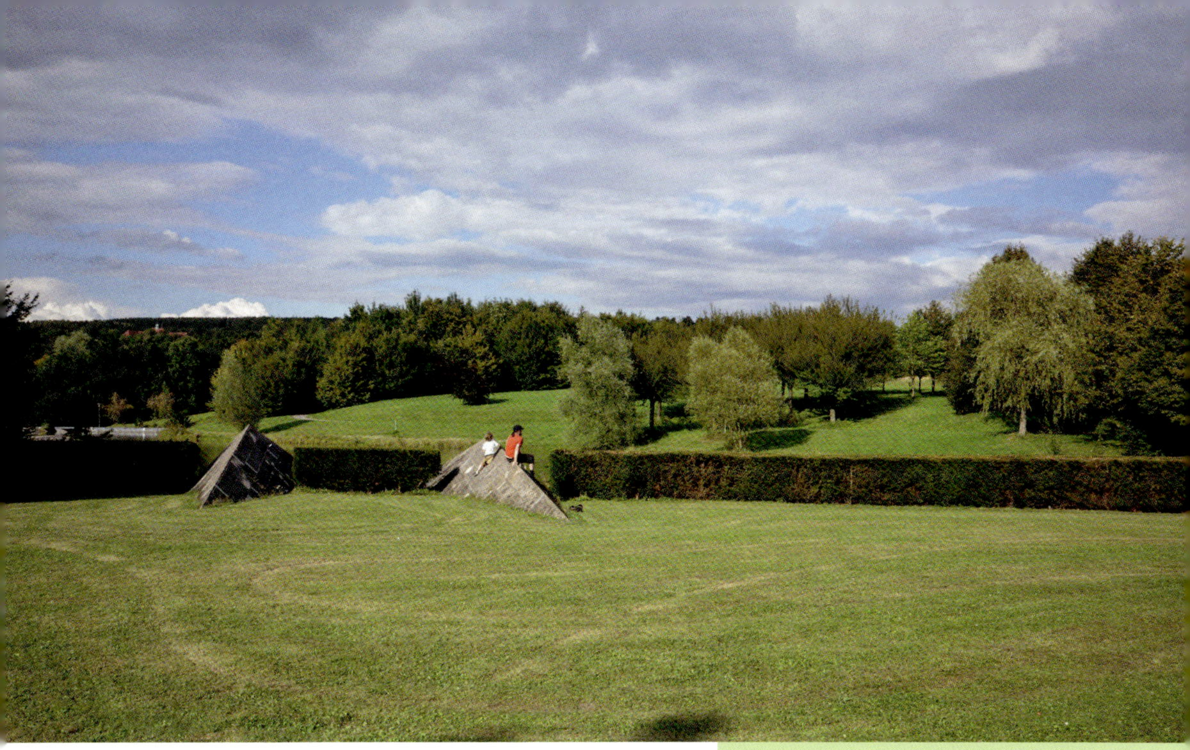

Im Landschaftspark

in Gruppen gleicher Art streifenförmig angeordnet sind. Dieses Motiv taucht überraschend im Frühjahr wieder auf, wenn im Rasen gelbe Streifen von Narzissen erscheinen.

Auf der Kuppe des Hanges liegt der Parksee. In das architektonische Wasserbecken schieben sich die steinernen Rücken zweier „Seeungeheuer“. Auf der gegenüberliegenden Schmalseite nehmen die Einschnitte des Überlaufes als spitze Kerbungen die Form der „Rücken“ wieder auf.

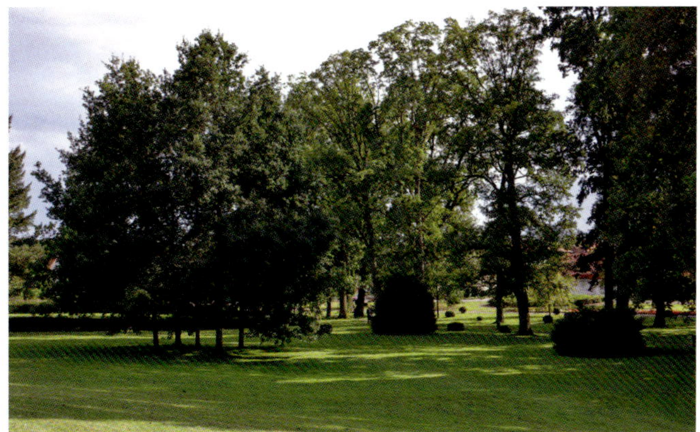

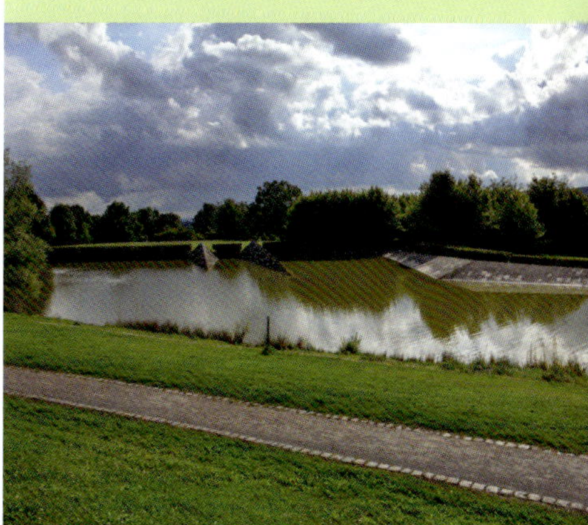

RITTERGUT HASPERDE

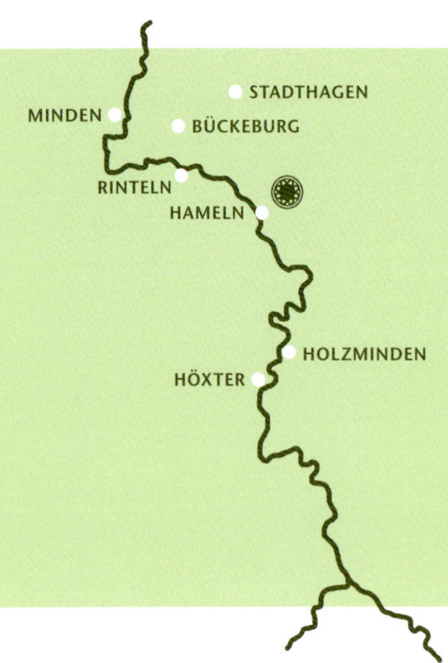

Das Rittergut Hasperde wurde erstmals im 15. Jahrhundert erwähnt, das heutige Erscheinungsbild stammt jedoch maßgeblich aus dem 19. Jahrhundert. In den Jahren 1883 bis 1893 wurde das Schloss im Stil der Neorenaissance erneuert. Da es 1943 verkauft worden war (es beherbergt heute ein Seniorenheim), wurde, ihm vorgelagert, 1952 ein neues schlichteres Herrenhaus errichtet. Hieran schließt sich auch der Gutspark an.

Zunächst hatte sich auf dem Gelände des Parks ein geometrisch gestalteter Obst- und Gemüsegarten befunden, der durch eine große Scheune vom Schlossbereich getrennt war. Um 1825 begann Fritz von Hake einen landschaftlichen Park anzulegen, der in den folgenden Jahrzehnten beständig weiterentwickelt wurde. Die ältesten Elemente sind ein rechteckiges Gartenhaus, das um 1820 errichtet wurde, dessen Fundamente aber bereits aus der Mitte des 18. Jahrhunderts stammen, sowie der ebenfalls bereits im 18. Jahrhundert vorhandene Teich.

Der Baumbestand wurde seit 1825 kontinuierlich erweitert. So bietet der Park heute eine bemerkenswerte Fülle an exotischen Bäumen und botanischen Raritäten, darunter Trompetenbaum, Tulpenbaum, kaukasische Eiche, Perückenstrauch, Süntelbuche und Sumpfzypresse. Auch eine Vorliebe für bizarre Blattformen ist festzustellen, wie die Exemplare von schlitzblättriger Erle, Buche und Eiche bezeugen. Die bereits um 1825 gepflanzte Griechische Tanne dürfte eines der ältesten Exemplare in Mitteleuropa sein.

Am nördlichen Rand der Ortschaft Hasperde an der L 423; Hasperder Str. 4 gelegen

Der Gutspark Hasperde ist in Privatbesitz und kann freitags von 14-17 Uhr sowie nach Absprache besichtigt werden.
Tel.: (0 51 51) 5 24 90

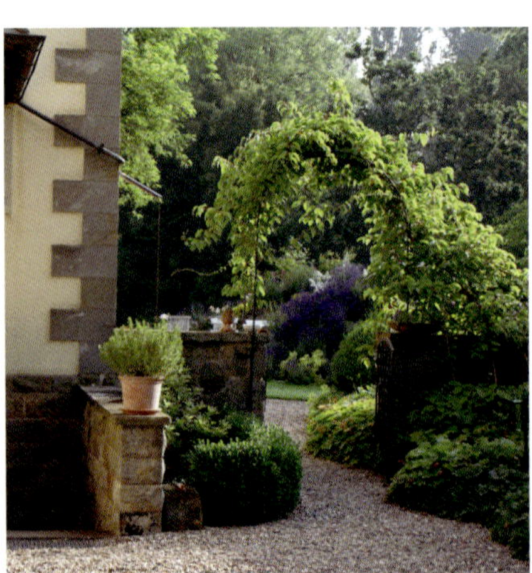

Eingang zum Garten

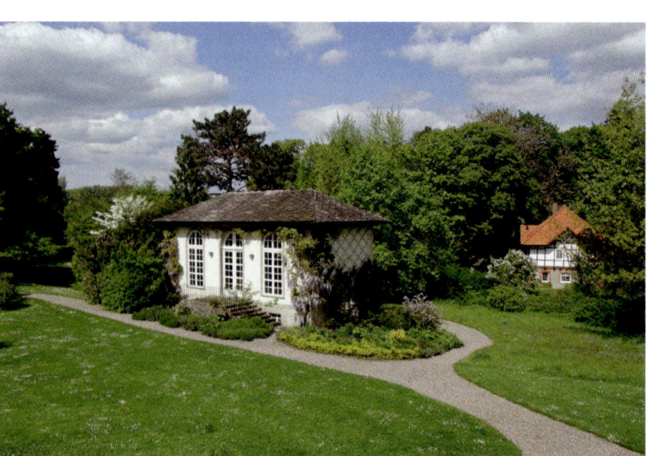

Gartenhaus

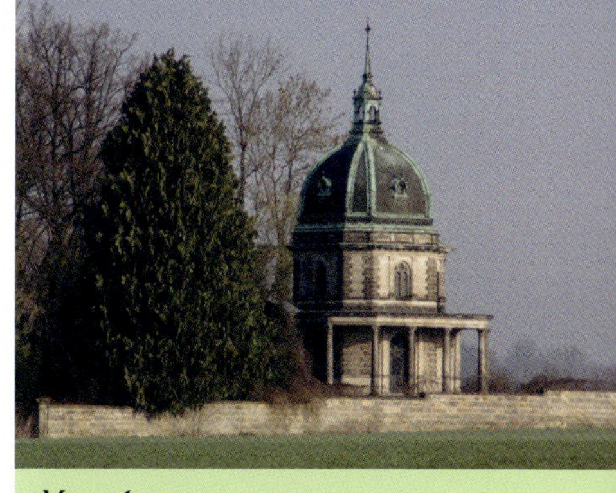

Mausoleum

Das dichte Wegenetz wurde nach dem Ersten Weltkrieg angelegt. Durch den Wechsel von offenen Rasenflächen, Einzelbäumen und Baumgruppen ergeben sich vielfältige Blickbeziehungen innerhalb des Parkes, zum Gartenhaus, zum Schloss, aber auch aus dem Park hinaus in die Landschaft. Vor allem von den zahlreichen Sitzplätzen aus sind diese Sichtachsen zu erleben. Direkt an dem neuen Herrenhaus befindet sich eine halbrund gemauerte Grotte, die sich ursprünglich zum Schloss öffnete, nach dessen Verkauf aber gedreht wurde, sodass sie sich nun dem neuen Herrenhaus zuwendet. Eine weitere Grotte dieser Art wurde am östlichen Ende des Teiches errichtet, und an der Längsseite des Gewässers hat man das Grottenmotiv mit einer halbrunden Eibenhecke aufgenommen. Am westlichen Ende des Teiches ist die Erde bis an die Krone der Gartenmauer aufgeschüttet – daraus entstand ein erhöhter Aussichtsplatz. Alle Sitzplätze sind mit steinernen Tischen ausgestattet.

An der Einfahrt zum Schlosshof führt ein Weg an der alten Mühle vorbei in den östlichen Teil des Parks. Hier herrscht heute ein waldartiger Charakter vor, es finden sich aber noch Reste der ehemaligen Gestaltung. Folgt man dem Weg auf die rückwärtige Seite des Schlosses, gelangt man an einen Hang, auf den steinerne Stufen hinauf führen. Daneben finden sich Reste einer gemauerten Grotte, von der man einen schönen Blick auf das Schloss hatte.

Oben auf dem Hang, direkt an der Feldgrenze, steht das Mausoleum. Es wurde 1882 als Erbbegräbnis der Familie von Hake erbaut. Wie auch das Schloss orientiert es sich an der Formensprache der Renaissance und hat sein Vorbild in der Villa Rotonda des Andrea Palladio. Der achteckige, von einer Kuppel bekrönte Bau wird von zwei großen Lebensbäumen flankiert.

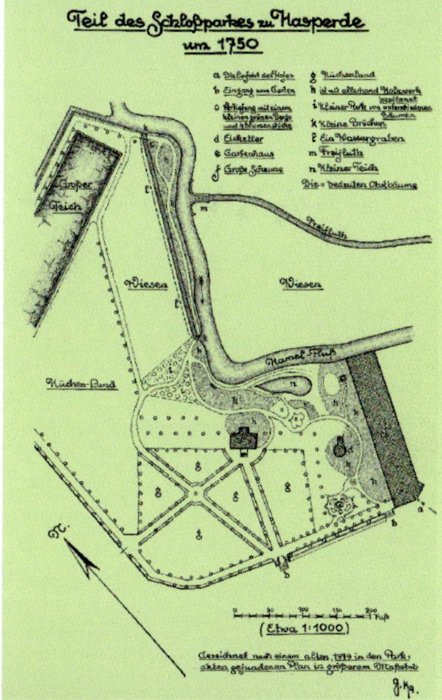

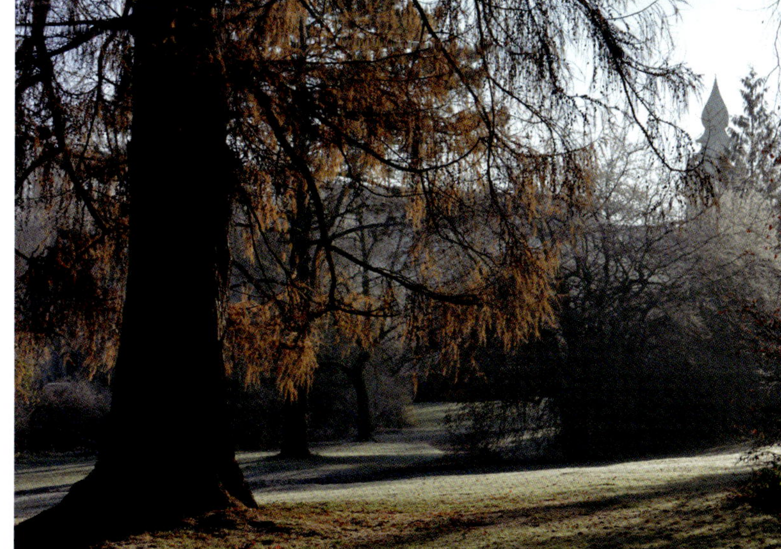

Herbstimpression

RITTERGUT VOLDAGSEN

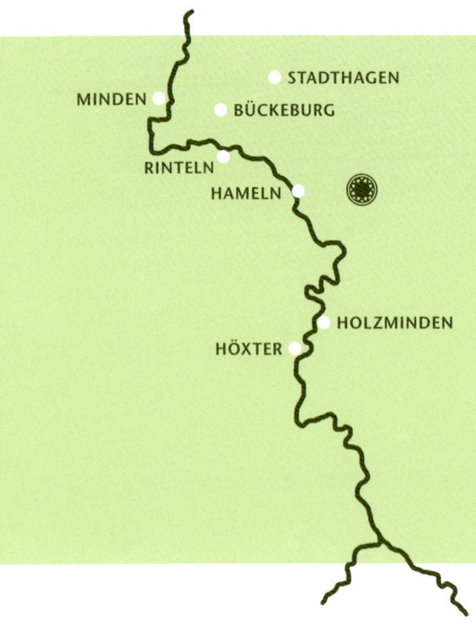

Das bereits im 15. Jahrhundert erwähnte Gut Voldagsen hat häufig den Besitzer gewechselt. Unter anderem gehörte es von 1655 bis 1880 der Familie von Münchhausen. Das heutige Herrenhaus und die vorgelagerten Wirtschaftsgebäude wurden in den 1830er Jahren erbaut. 1880 wurde das Gut an Fritz König verkauft. Dieser baute das Herrenhaus um und legte in den 1890er Jahren einen großen Landschaftspark an, der von dem Gartenarchitekten Rudolph Jürgens aus Hamburg entworfen wurde. Über eine frühere Ziergartenanlage ist nichts bekannt, allerdings gab es verschiedene Gemüse- und Obstgärten. Das sogenannte Gärtner- oder Försterhaus im Park wurde ebenfalls Ende des 19. Jahrhunderts umgebaut, sein Kellergewölbe, der „Hischsprung-Keller" soll jedoch noch aus der Mitte des 14. Jahrhunderts stammen.

Prägendes Element und Rückgrat des Parkes ist das Gewässersystem. An der südlichen Parkgrenze fließt der Bach Aue entlang. Von ihm wird in der westlichen Parkecke ein künstlicher Bach abgezweigt, der auf Grund seines kaum wahrnehmbaren Fließens, seiner variierenden Breite und den malerischen Windungen durch den Park den Namen „Schlangenteich" trägt. Im Osten ist er zu einem Teich mit kleiner Insel aufgeweitet.

Die ursprüngliche Anlage war durch große offene Rasenflächen mit einzelnen Bäumen und Gehölzgruppen gekennzeichnet. Es waren eine Vielzahl von Blickbeziehungen innerhalb des Parks und auch aus ihm heraus, zum Beispiel zum Ith hin, möglich. Durch Pflanzungen in den 1950er und 1960er Jahren ist der Park stark zugewachsen, die Grundkonzeption ist jedoch noch erhalten und auf dem Rundweg nachzuvollziehen.

Die ursprüngliche Bepflanzung enthielt zahlreiche Bäume, die sich durch einen besonderen Wuchs (Traueresche), interessante Blattform (schlitzblättrige Buche, Esskastanie), oder eine intensive Herbstfärbung (rotblättriger Ahorn, Rot- und Scharlacheichen) auszeichneten.

Interessant ist eine Sonnenuhr aus der Zeit um 1700, die als sechsundzwanzigseitiger Polyeder mit viereckigen und dreieckigen Flächen ein Ablesen der Uhrzeit zu jeder Tageszeit ermöglicht. Jenseits der Aue ist ein Gewölbe in den Hang gebaut worden, das ursprünglich als Begräbnisplatz gedacht, jedoch vermutlich als Eiskeller genutzt wurde.

Östlich von Marienau, Zufahrtsstraße zweigt am südlichen Ortsausgang vor dem Bahnübergang von der B442 ab.

Der Park ist während der Öffnungszeiten des Cafés zu besichtigen.
Tel.: (0 51 51) 4 37 01

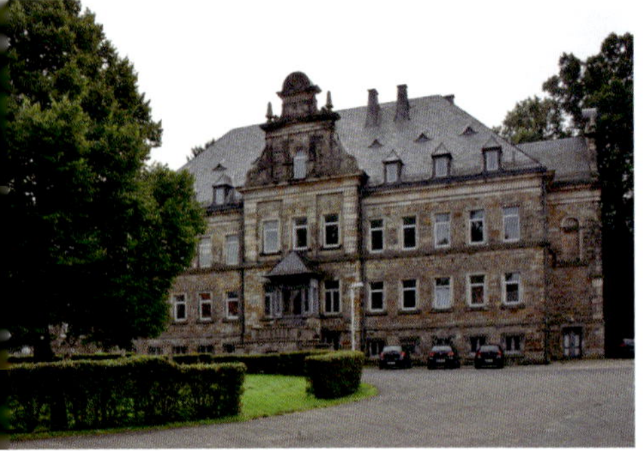

Gutshaus

PETERLINDE COPPENBRÜGGE

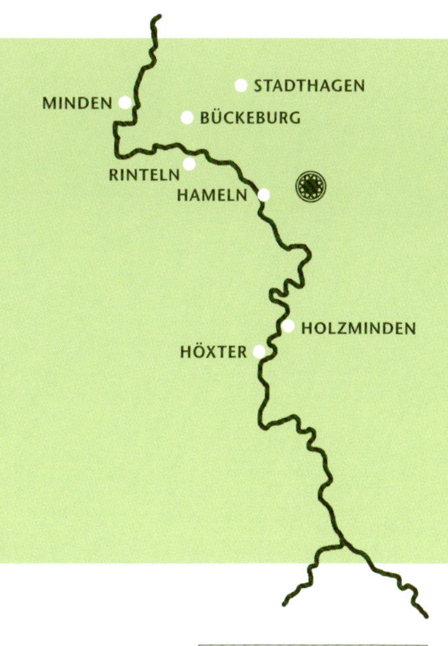

In Coppenbrügge findet sich zwar kein Garten, aber dafür ein sehenswerter Einzelbaum: die sogenannte Peterlinde. Sie steht oben auf dem Festungswall, der um 1500 entstand, als die alte Wasserburg zu einer nach damaligem Verständnis modernen Festung umgebaut wurde. Erhalten haben sich aus alter Zeit auch weite Teile des Wassergrabens, ein mächtiger Torbau und ein Fachwerkgebäude aus der Zeit um 1800, in dem sich heute ein sehr sehenswertes Heimatmuseum befindet.

Das genaue Alter der Linde lässt sich nicht bestimmen, allerdings ist sie bereits auf einem Stich aus dem Jahr 1654 abgebildet. Im 18. Jahrhundert wurde die Linde als Baumlaube eingerichtet, zu der eine Brücke vom ersten Stock des (heute nicht mehr existierenden) Schlosses führte. Solche Baumlauben oder Tanzlinden waren früher in vielen Orten vorhanden. Über Jahre hin wurden die Äste einer Linde in eine waagerechte Form geleitet, bis sie kräftig genug waren, dass man eine oder mehrere Plattformen auf ihnen befestigen konnte. Diese waren oft so geräumig, dass auf ihnen bei Dorffesten getanzt werden konnte. Die Linde in Coppenbrügge soll drei Stockwerke gehabt haben und in das Blattwerk waren Fenster geschnitten.

An der B1 in der Ortsmitte von Coppenbrügge

Den Namen „Peterlinde“ trägt der alte Baum, weil hier in Coppenbrügge im Jahr 1697 Kurfürstin Sophie von Hannover, ihre Familie und ein kleines Gefolge mit dem russischen Zaren Peter dem Großen zusammentrafen. Dieser hatte erst kurz vorher den Thron bestiegen und bereiste inkognito Europa, um Anregungen für seine Reformen in Russland zu gewinnen. Als man das Schloss, in dem das Treffen stattgefunden hatte, Anfang des 19. Jahrhunderts abriss, wollte man dennoch an dieses Ereignis erinnern und taufte den Baum „Peterlinde“.

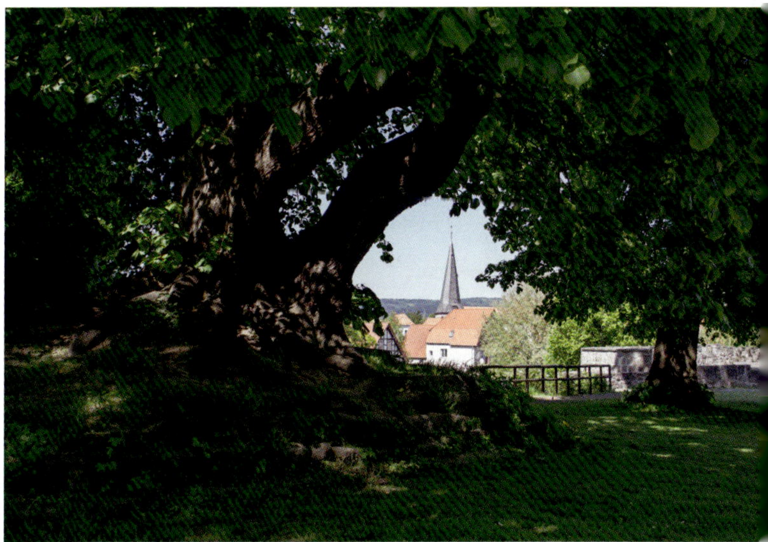

Peterlinde auf dem Wall der Burganlage

RITTERGUT HAUS HARDERODE

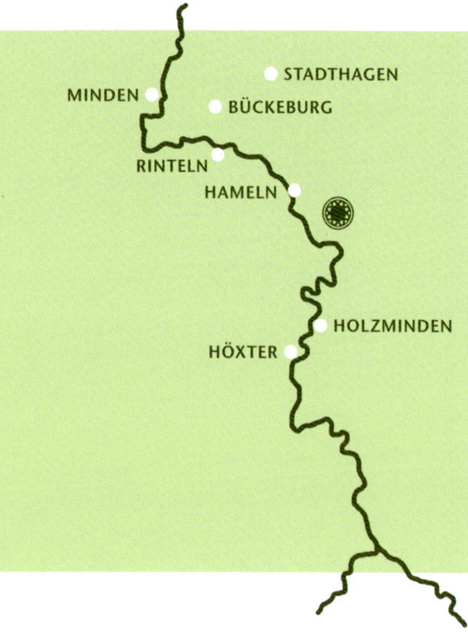

Haus Harderode hat seinen Ursprung als landwirtschaftliches Vorwerk des Schlosses Bisperode, wovon noch der große Wirtschaftshof zeugt. Das heutige Herrenhaus wurde 1900 von dem Architekten Otto Lüer für Rudolf von Blum gebaut und ist seither im Familienbesitz. Die Gartenanlage, bei der nicht klar ist, inwieweit bereits eine Vorläuferanlage existierte, wurde von dem hannoverschen Stadtgartendirektor Julius Trip geschaffen. Sie ist in den Grundzügen noch gut erhalten und vermittelt einen anschaulichen Eindruck eines ländlichen Villengartens der Zeit.

Vor der nach Süden ausgerichteten Veranda liegt eine Rasenfläche. Von hier aus erschließt ein großzügiges Wegenetz den Park und lässt verschiedene Rundwege durch den alten, vielfältigen Baumbestand zu, bei dem die beliebte Blutbuche nicht fehlt. Reste von Treppenanlagen und gemauerten Sitzbereichen lassen auf eine ehemals intensive Nutzung des Parkes schließen. Auf der nördlichen Hausseite speist ein Bach, dessen Wasserfluss durch den Einbau von Steinen lebhafteren Charakter erhält, eine Kette von Teichen, die aus den Fundamentgruben eines alten Fachwerkhauses geschaffen worden sein sollen. Tritt man hangaufwärts aus dem Park heraus, bietet sich ein wunderschöner Blick nach Süden weit ins Tal hinein. Sicherlich sah die ursprüngliche Konzeption auch Ausblicke aus dem Park heraus vor, die aber heute zugewachsen sind. Eine Kuriosität ist ein in Hausnähe stehender alter Ahorn, der aufgrund eines fehlenden Mitteltriebes mit den beiden aufgewachsenen Seitentrieben einen „Sitz“ bilden konnte.

Zwischen der Ortschaft Harderode und Bisperode an der Kreuzung L 588 und L 425

Die Anlage ist in Privatbesitz und kann nach Absprache unter Tel.: (0 51 59) 3 77 besichtigt werden.

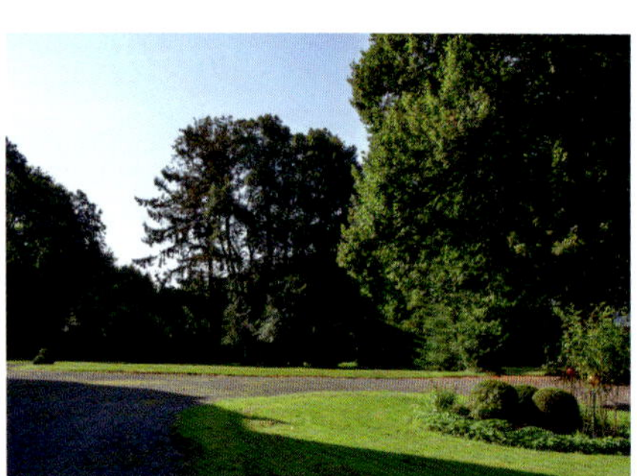

Auffahrt zum Haus Harderode

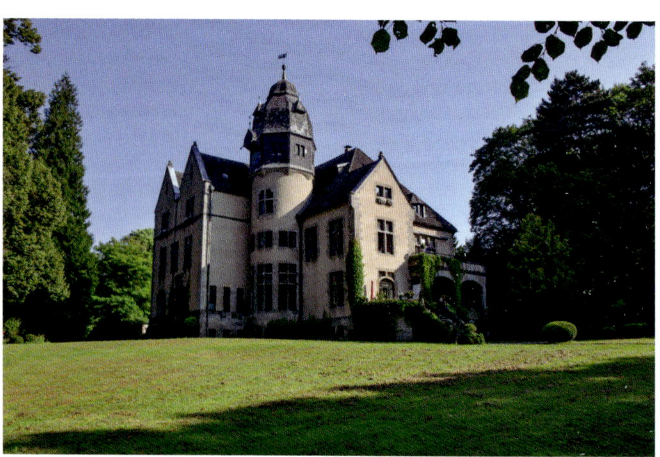

Herrenhaus

RITTERGUT BEHRENSEN

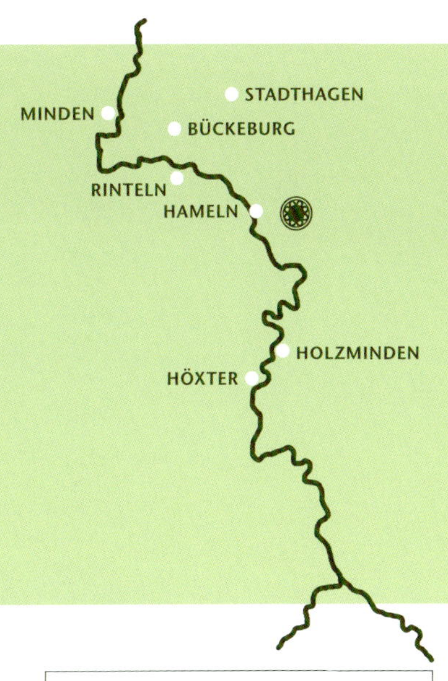

Das Gut Behrensen verfügt über einen kleinen Gutspark hinter dem ehemaligen Herrenhaus, das leider nur noch als malerische Ruine erhalten ist. Er besteht heute aus einer abschüssigen Rasenfläche, die von einer Bruchsteinmauer eingefasst wird. Vom Gut führt ein Weg den Hang hinunter, wo man durch ein Tor in der Mauer ins Dorf gelangen kann. Dieses Tor ist erhalten und wurde von zwei hohen Kastanien gerahmt, von denen zwar nur noch eine erhalten ist, doch aus dem Stubben der zweiten wächst bereits Nachwuchs. Die landschaftsgartenartige Anlage ist mit seltenen alten Solitärgehölzen bestanden, darunter Platanen, Buchen und eine sehr beeindruckende Blutbuche. Herr von Strube, damaliger Besitzer des Gutes, brachte im 18. Jahrhundert von seinen Reisen Gehölze aus Nordamerika mit; zwei Hainbuchen und eine Kiefer sollen noch aus dieser Zeit stammen. Dieser Tradition folgte der heutige Besitzer, der unter anderem eine kalifornische Sequoia pflanzte. Interessant ist auch ein Rondell aus sieben eng stehenden Linden.

Direkt im Ort Behrensen

Die Anlage ist in Privatbesitz, kann jedoch nach Absprache besichtigt werden. Tel.: (0 51 59) 4 52

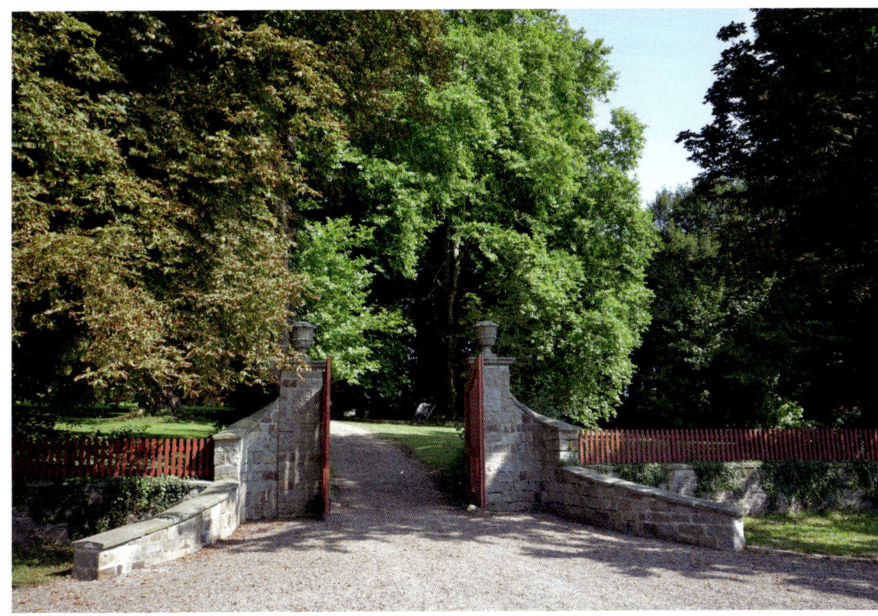

Toreingang in den Gutspark

RITTERGUT DIEDERSEN

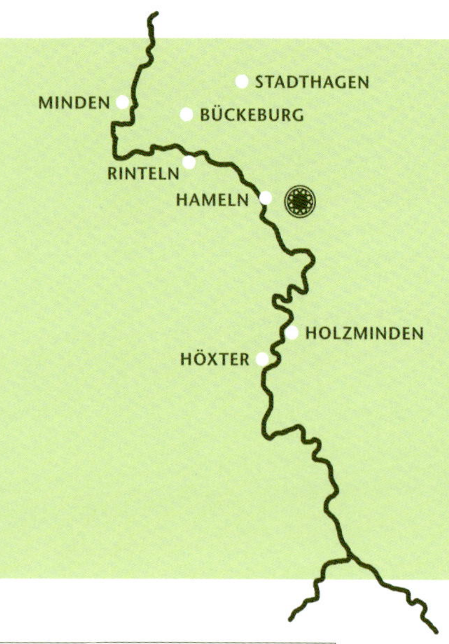

Das Gut Diedersen ist seit 1541 im Besitz der Familie von Hake. Adolph-Christoph von Hake, der Diedersen im Jahr 1790 erbte, ließ 1792 das heutige Herrenhaus errichten. Außerhalb des Dorfes legte er einen großen Obst- und Gemüsegarten an, der auch ein kleines Lusthaus enthielt. Ob die durch regelmäßige Wege gegliederte Fläche hinter dem Herrenhaus zuvor als Küchengarten diente, oder ob hier bereits ein Lustgarten bestand, ist nicht bekannt. Im Jahre 1814 jedenfalls umgab Adolph-Christoph das Areal mit einer Bruchsteinmauer und er begann, einen landschaftlichen Park anzulegen. Sein Sohn Adolph setzte dieses Werk nach 1825 durch das Anpflanzen seltener Bäume fort. Aus dieser Zeit mögen noch der Ginkgo, der Tulpenbaum sowie je eine alte Linde und Kastanie stammen. Sicherlich wird man bei der Anlage des Parks von der engen familiären Beziehung zu der Familie von Hake auf Gut Ohr (vgl. Ohrbergpark) profitiert haben.

Vor dem Herrenhaus befindet sich eine sehenswerte, fast haushohe Pyramide aus kletterndem Philadelphus (Pfeifenstrauch oder Falscher Jasmin), die hier mindestens seit den 1930er Jahren besteht.

Direkt an der Ortsdurchfahrt von Diedersen; Diederser Straße 2

Die Anlage ist privat, jedoch auf Anfrage zu besichtigen.
Tel.: (0 51 59) 2 20

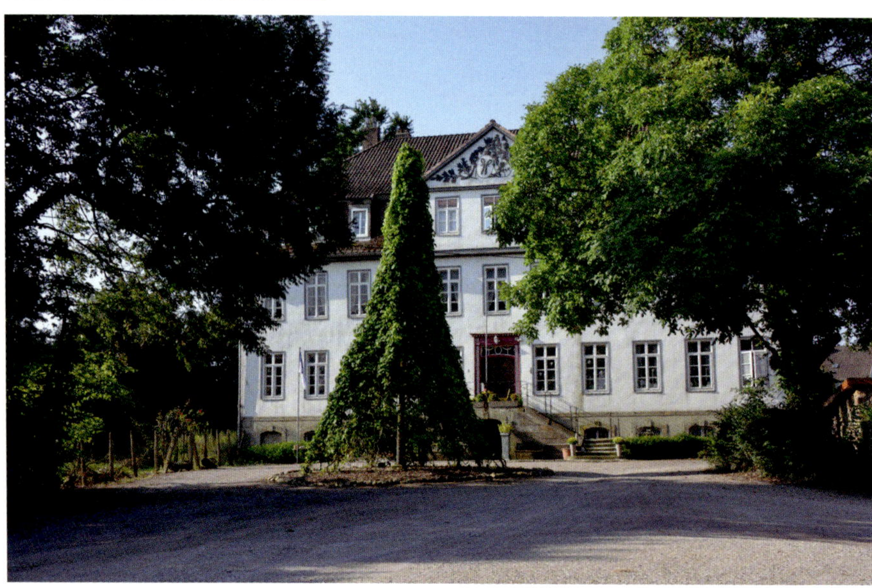

Philadelphus-Pyramide vor dem Gutshaus

JANSSENS PARK HAMELN

Der Park Janssen zeigt die Überreste einer großbürgerlichen Sommerfrische vor den Toren der Stadt. 1907 hatte der Fabrikant Heinrich Janssen ein Grundstück am Waldrand des Hamelner Hausberges „Klüt“, in deutlicher Entfernung der Villenbebauung des Klütviertels, erworben. Hier ließ er sich einen Park anlegen, während sein Sohn Dr. Heinrich Janssen im Jahre 1928 einen Teepavillon am oberen Rand des abschüssigen Geländes errichten ließ, ein hübscher kleiner Bau mit zentralem Pavillon und zwei seitlichen Anbauten.

Bis zum Zweiten Weltkrieg wurde dieser Garten regelmäßig von der Familie genutzt, man ließ sich vom Personal den Tee servieren und genoss die Aussicht auf die Weser und die Stadt Hameln. Nach dem Krieg ließ die Nutzung nach, der Park war kaum mehr zu pflegen und begann zu verwildern. Das Wegenetz ist jedoch noch zu erkennen und es finden sich noch vereinzelte Reste der Gartengestaltung.

Von der ursprünglichen Umzäunung sind nur die Pfeiler von drei Zufahrtstoren erhalten, eines am oberen Parkrand, zwei am unteren, alle mit den Inschriften „H Janssen“ „1908“ versehen.

An dem Teehaus liegt eine Terrasse, von der aus fünf im Halbkreis angeordnete Treppen mit wenigen Stufen in den Garten führen. Ein großes Rasenoval breitet sich vor dem Teehaus aus. Aussichten in die Landschaft, die ursprünglich sicher ausschlaggebend für die Standortwahl des Gartens waren, sind nur noch im Winter möglich. Erahnen kann man eine besonders gestaltete Sichtachse, wenn man von der Terrasse die halblinke Treppe hinabblickt. Im Gehölz erkennt man zwei Nadelbäume in der Verlängerung der Treppe, sie rahmen den Blick. Hinter ihnen stehen zwei Pfeiler mit den Inschriften „CL HL“ „1788“, über deren Ursprung nichts bekannt ist. Steht man bei ihnen, so kann man im Winter zwischen den beiden Nadelbäumen das Teehaus sehen. Solche Sichtachsen wird es noch mehrere gegeben haben.

An diesem Beispiel soll verdeutlicht werden, dass auch scheinbar weniger interessante Gärten ein spannendes Besichtigungsobjekt sein können, wenn man bereit ist, auf Spurensuche zu gehen und die Fantasie zu bemühen.

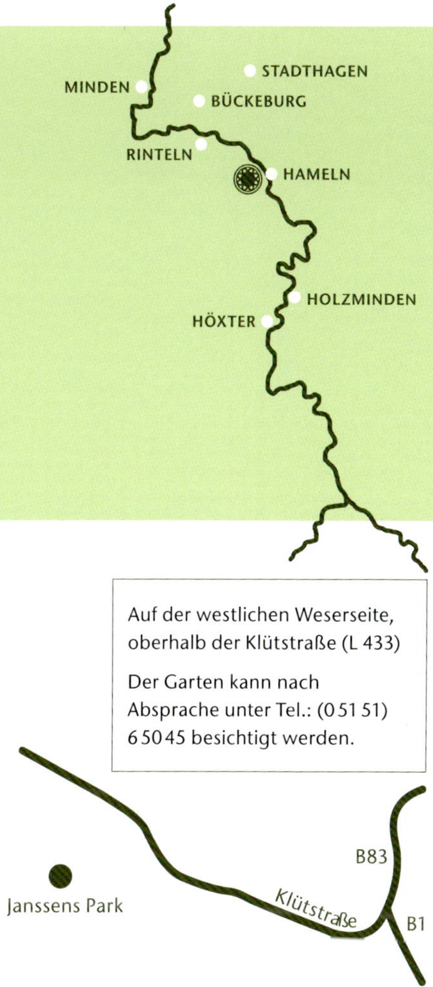

Auf der westlichen Weserseite, oberhalb der Klütstraße (L 433)

Der Garten kann nach Absprache unter Tel.: (0 51 51) 6 50 45 besichtigt werden.

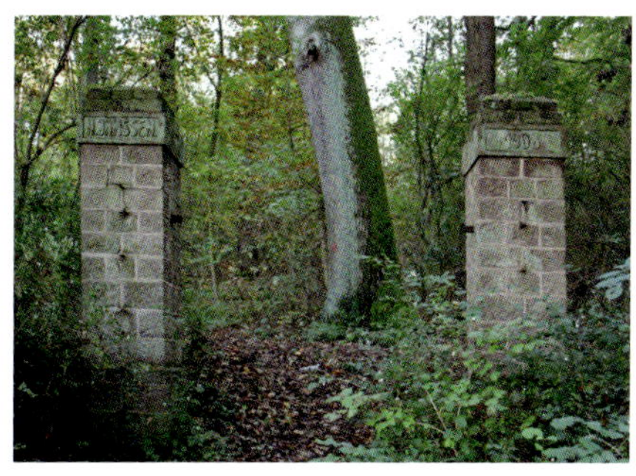

Eingangstor

BÜRGERGARTEN HAMELN

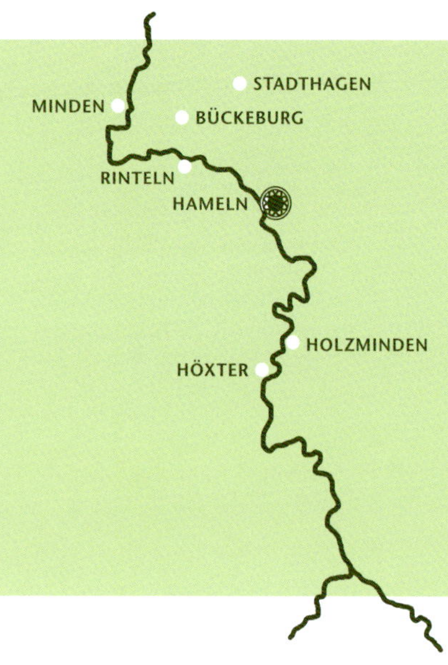

Der Hamelner Bürgergarten liegt unmittelbar am Rande der Altstadt. Hier hatten sich einst die Festungsanlagen der Stadt, bestehend aus Mauern, Wällen und Gräben, befunden. 1808 wurden die Bastionen unter französischer Besatzungsmacht geschliffen und die Gräben zugeschüttet. Die so entstandene Fläche diente als Exerzierplatz oder auch als Viehweide. Nachdem Pläne der Stadt, hier eine große öffentliche Grünanlage zu schaffen, zunächst gescheitert waren, baute man in den 1920er Jahren eine Sportanlage mit Fußballplatz und umgebender Laufbahn. Die Idee einer zentrumsnahen Grünanlage wurde jedoch weiter verfolgt und 1961 schließlich auch umgesetzt. Am 5. Mai 1962 konnte der Park mit einer Gartenbauausstellung eingeweiht werden.

Der Bürgergarten zeichnet sich durch eine große zentrale Rasenfläche aus. Sie wird von Rabatten mit wechselnder Bepflanzung gerahmt, in denen spitze Eibenkegel Akzente setzen. Blickfang ist ein rechteckiges Wasserbecken im Stil der 1950er

Im Stadtzentrum von Hameln, an der Deisterallee

Der Park ist ganzjährig öffentlich zugänglich.

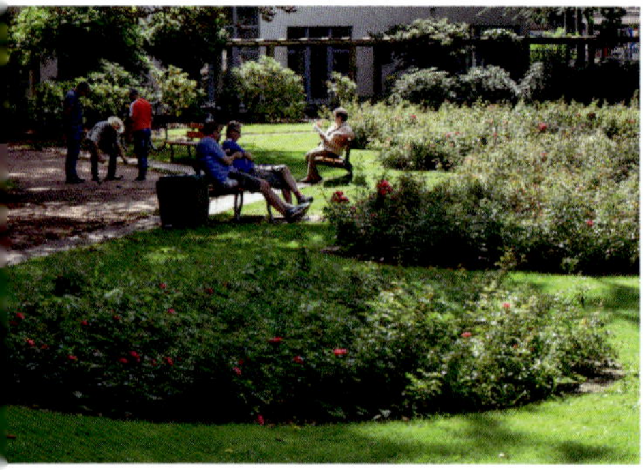

Im Bürgergarten

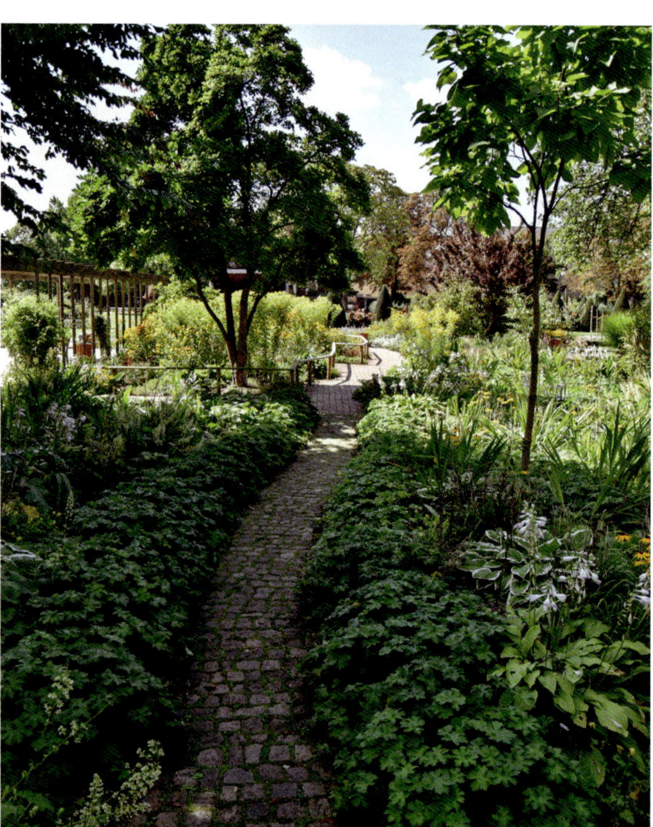

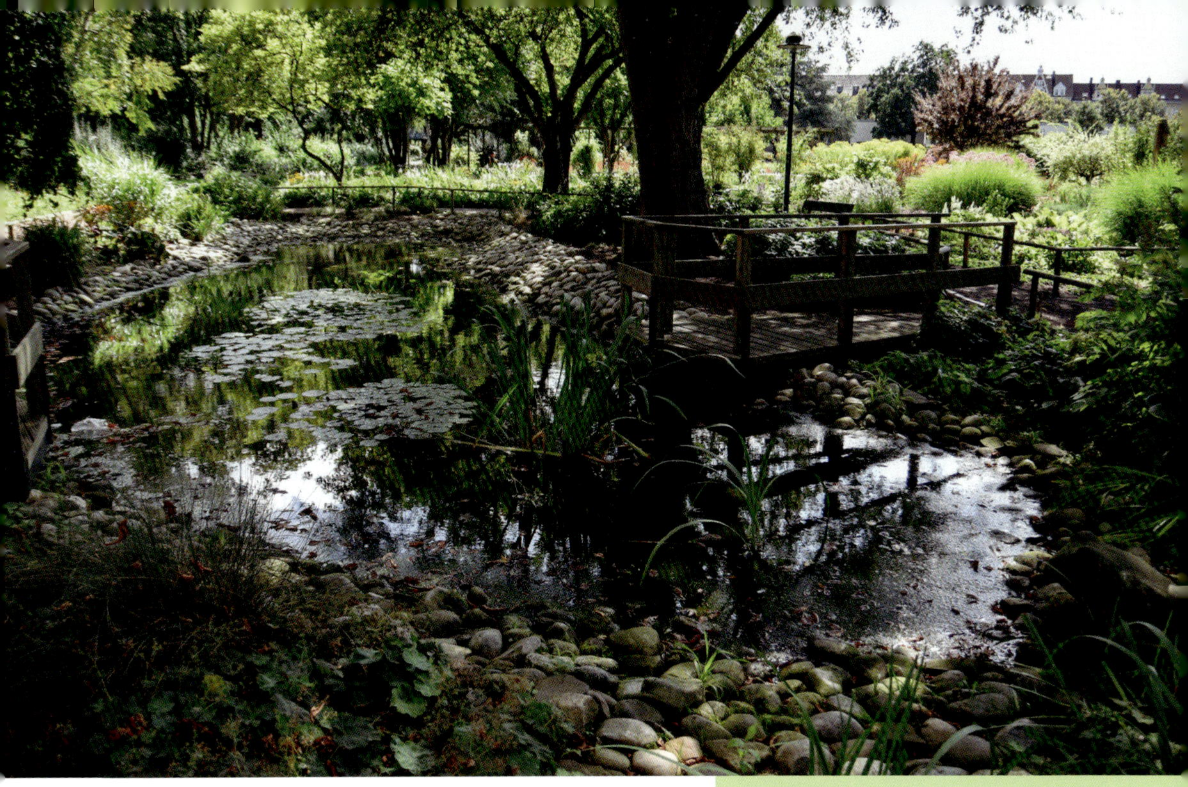

Zierteichanlage

Jahre mit zahlreichen Fontänen. Die äußeren Bereiche sind in aktive und passive Zonen geteilt. Während die der Altstadt zugewandte Seite durch eine rege genutzte Freischachanlage, Kinderspielplatz und eine Freiluftbühne der aktiven Erholung gewidmet ist, bietet die stadtauswärts gerichtete Seite mit ihren zahlreichen Sitzplätzen die Möglichkeit zur ruhigen Muße. Hier findet sich ein Staudengarten mit vielfältigem Pflanzensortiment, beschaulichem kleinem Tümpel und schattigen Pergolen.

Besonders schön sind die den Park rahmenden alten Kastanien, die noch aus der Zeit des Sportplatzes stammen. Sie zeichnen die ovale Grundrissform des Bürgergartens nach, die sich aus der ehemaligen Laufbahn ergibt.

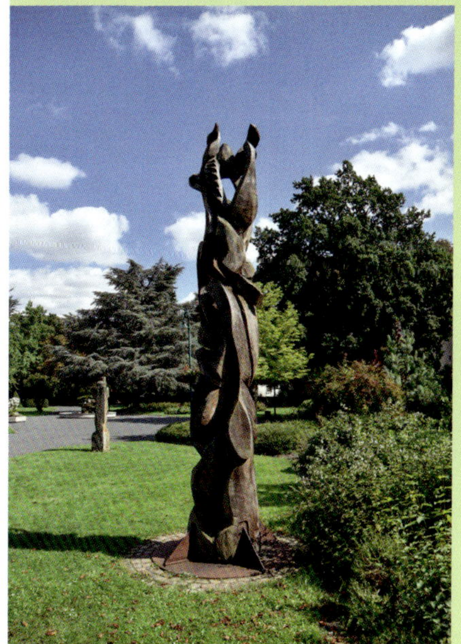

Holzskulptur

RITTERGUT HASTENBECK

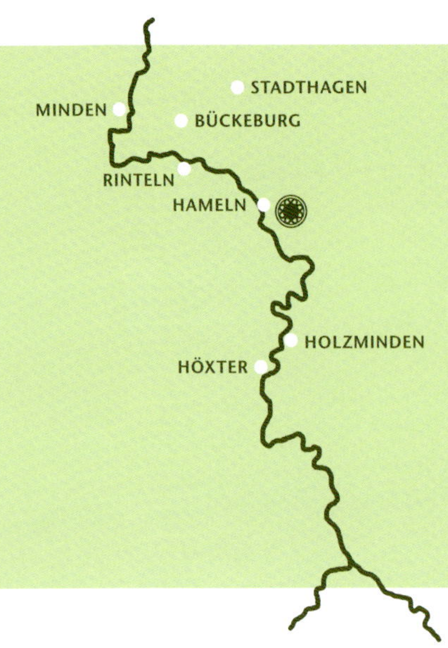

Das Rittergut Hastenbeck wurde bereits im 13. Jahrhundert das erste Mal erwähnt. 1618 ließ Arnd von Wobersnow die mittelalterliche Burg Hastenbeck zu einer modernen Festung ausbauen. Sie wurde jedoch bereits im Dreißigjährigen Krieg zerstört, und das Gut gelangte 1639 in den Besitz der Familie von Reden. Ein neues Herrenhaus entstand abseits der alten Festung und wurde 1869 durch das heutige Schloss im Stil der Neogotik ersetzt.

Während es im 18. Jahrhundert vermutlich nur Obst- und Gemüsegärten gab, legte man Anfang des 19. Jahrhunderts einen landschaftlichen Park an, in den man die Überreste der alten Festung integrierte. Dies verleiht dem Park, trotz seiner heutigen starken Verwilderung, einen besonderen Reiz.

Unmittelbar an der Rückseite des Schlosses liegt eine Rasenfläche mit großen Solitärgehölzen, darunter Platane, Linde sowie ein blauer Mammutbaum. Daran schließt sich das ehemalige Festungsgelände an. Deutlich sind die vier Eckbastionen und die sie verbindenden Wälle zu erkennen, die bei der Parkgestaltung durch Bäume, insbesondere Linden, betont wurden.

Südwestlich des alten Ortskerns

Der Garten kann nach Anmeldung unter Tel.: (05151) 56617 besichtigt werden.

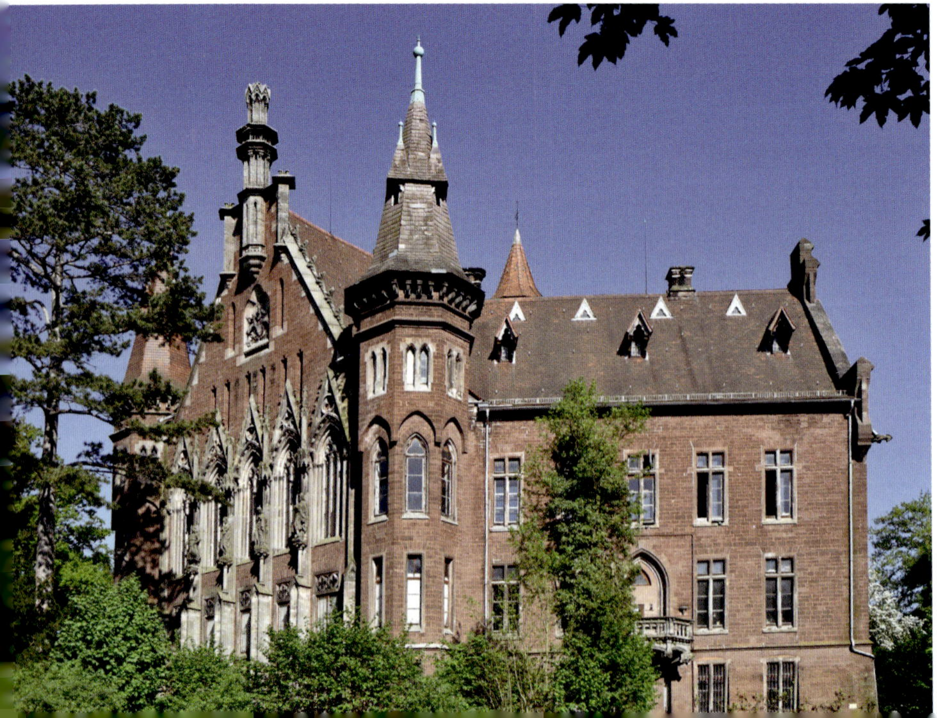

Schloss

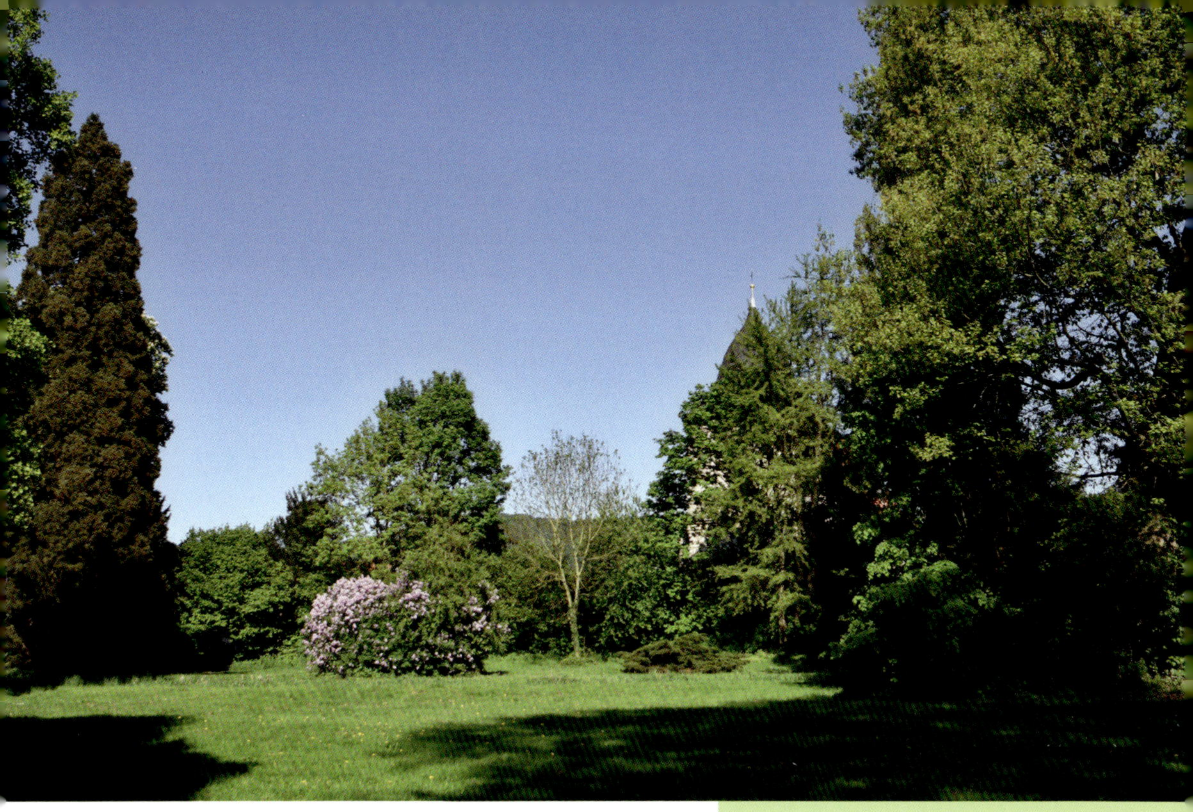

Parkanlage

Die Eckbastionen tragen die Namen Rosalienberg, Eschenberg sowie kleiner und großer Lindenberg. An der dem Schloss zugewandten Nordseite hat sich eine Mauer und in dem östlichen Wall ein Kasemattenraum erhalten. Umgeben war diese Festung von einem Wassergraben, der in Teilen noch erhalten ist.

Um dieses Festungsgelände herum führt ein Rundweg, an dem auch das Erbbegräbnis der Familie von Reden liegt. Es wurde im Jahr 1832 eingerichtet und ist von typischen Nadelgehölzen, wie Eiben, Fichten und Helmlocktannen, überschattet. Erwähnenswert sind zwei besonders alte Bäume, zum einen eine Buche an der nördlichen Seite und eine Esche im westlichen Teil, letztere wird auf dreihundert bis vierhundert Jahre geschätzt.

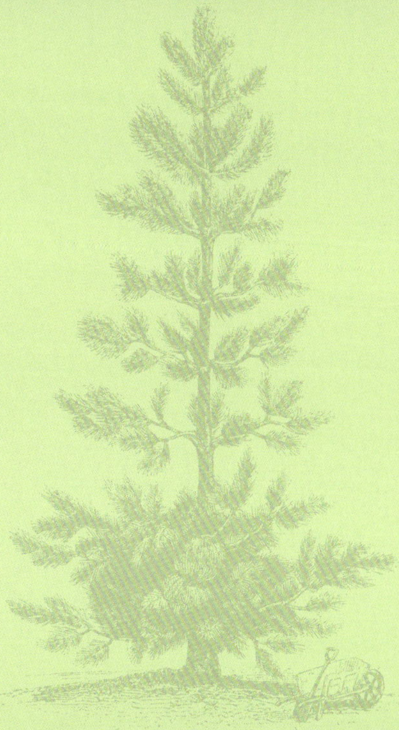

OHRBERGPARK

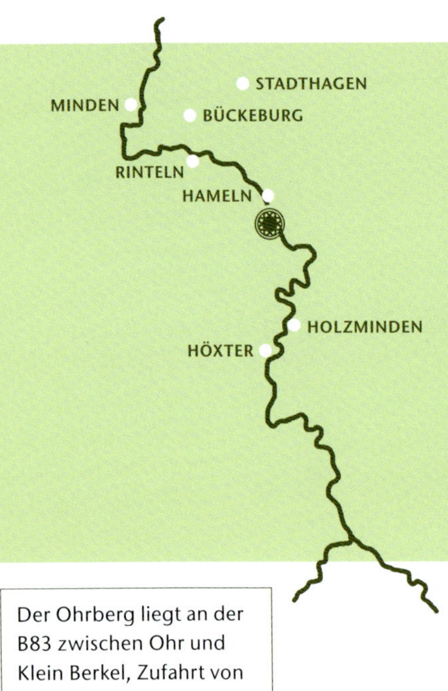

Der Ohrberg liegt an der B83 zwischen Ohr und Klein Berkel, Zufahrt von Süden.

Der Park ist ganzjährig öffentlich zugänglich.

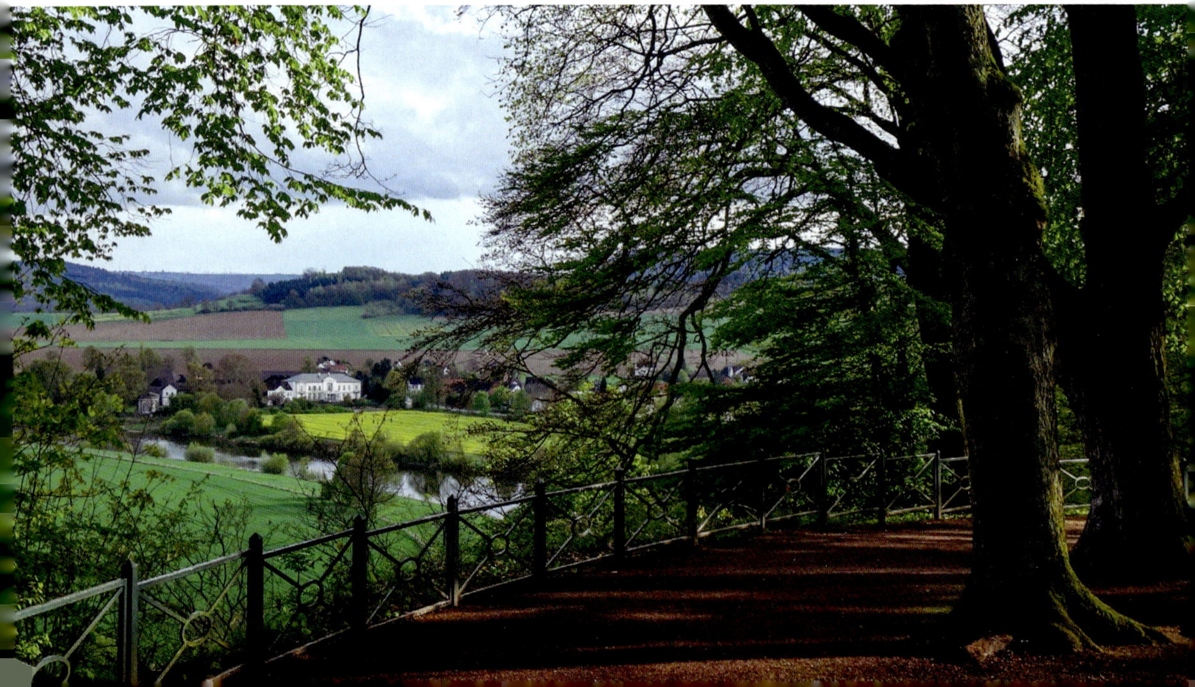

Das Rittergut Ohr blickt auf eine über tausendjährige Geschichte zurück, denn es wurde bereits im Jahre 1004 erstmals erwähnt. Seit 1307 ist es im Besitz der Familie von Hake. Ein um 1500 errichtetes, mehrfach umgebautes Herrenhaus wurde Mitte des 19. Jahrhunderts durch einen Neubau nach dem Entwurf des hannoverschen Hofbaumeisters Laves ersetzt. Nur 20 Jahre später wurde es durch einen Brand zerstört, und auf dessen Fundamenten erbaute man 1872 das jetzige Herrenhaus.

An das Herrenhaus schließt sich ein kleiner landschaftlicher Garten an, der von Christian Ludwig von Hake (1745-1818) ab 1771 angelegt wurde. Zur Weser hin liegt ein Gartenpavillon, der 1841 vollendet wurde. Über den Eingängen stehen die Namen der vier Söhne von Ernst Adolph von Hake, von denen der Vater hoffte, dass sie einträchtig ihr Erbe aufteilen würden, daher der Name: „Eintrachtstempel".

Einen halben Kilometer vom Gutshaus entfernt erhebt sich ein Bergrücken etwa 80 Meter steil über der Weser, dies ist der sogenannte Ohrberg. Er war ursprünglich mit Wald bestanden und hatte zur Hude von Schafen, Kühen und Ziegen sowie zum Schlagen von Bau- und Brennholz gedient.

Die ersten Verschönerungsmaßnahmen auf dem Ohrberg nahm der oben erwähnte Christian Ludwig von Hake vor, der Gartenmeister und Leiter des königlichen Hofbau- und Gartendepartements in Hannover war. Er legte Spazierwege und eine Allee aus Buchen und Eichen an und errichtete ein Lusthaus auf dem Berg.

Erst nachdem es 1817 seinem Sohn Georg Adolph (1779-1840) gelungen war, das Huderecht auf dem Ohrberg zu übernehmen, und somit die Beweidung zu unterbinden, konnte mit der planmäßigen Anlage eines Landschaftsparks begonnen werden. Georg Adolph hatte auf Reisen durch England die dortigen Gärten besichtigt und er verfasste am Ende seines Lebens selbst ein Buch „Über Höhere Gartenkunst - Fragmente aus dem Tagebuch eines alten Gärtners". Auf dem Ohrberg schuf er einen Park mit einer zentralen Wiesenfläche, die von Spazierwegen und Gehölzpflanzungen umgeben wird. Vor allem beeindrucken die vielfältigen Sichtachsen aus dem Park hinaus auf das Gut, zur Weser und in die weite Landschaft. Für den umgekehrten Blick vom Gut auf den Ohrberg ließ Georg Adolph sogar acht in der Sicht stehende Bauernhöfe abreißen, nicht ohne den Bewohnern neue Häuser im Dorf zu bauen. Die entstandene Wiese wurde nur locker mit einzelnen Bäumen bepflanzt und eine Allee zum Ohrbergpark angelegt.

Georg Adolphs Vetter und Erbe Ernst Adolph (1768-1865) errichtete ein Denkmal für den Parkschöpfer, an der Stelle, wo dessen Herz auf eigenen Wunsch hin begraben wurde. Des Weiteren widmete er sich insbesondere der Vergrößerung der Artenvielfalt, so dass der Park im 19. Jahrhundert seine Berühmtheit dadurch erlangte, dass er über 250 verschiedene Gehölze aufwies. Davon finden sich heute noch Taschentuchbaum, Ginkgo, Lebkuchenbaum, Mammutbaum, Schneeglöckchenstrauch, Tulpenbaum, Amberbaum und Scheinbuche, um nur einige wenige zu nennen. Auch die zahlreichen Rhododendren und Azaleen erfreuen im Frühsommer durch ihre Blütenpracht.

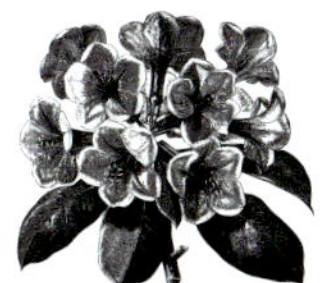

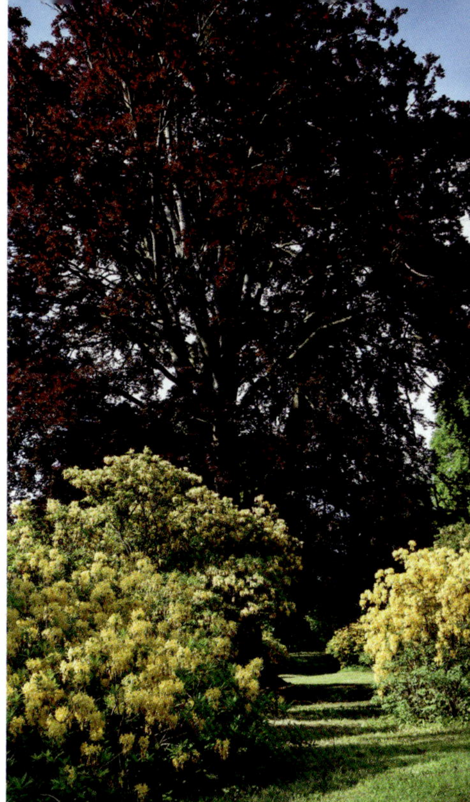

Azaleen und Rhododendren im Park

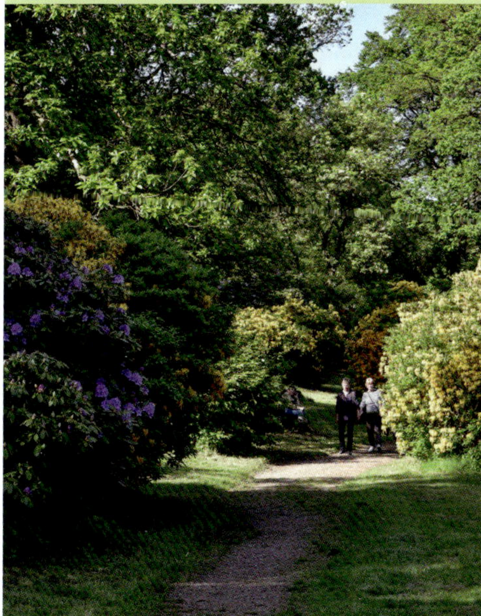

Ausblick über die Weser zum Gut Ohr

SCHLOSS SCHWÖBBER

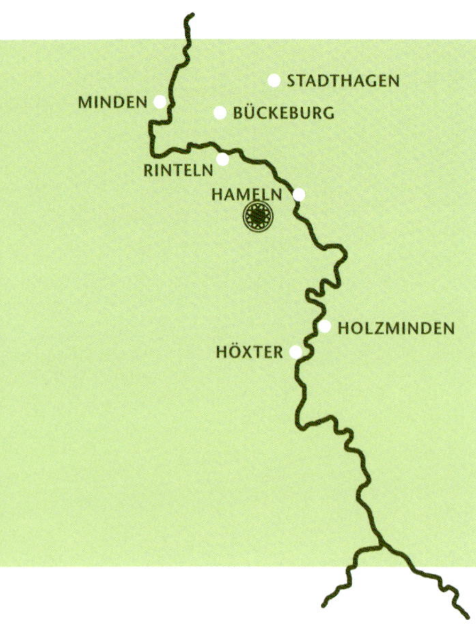

Das Schloss Schwöbber wurde von 1565 bis 1604 für die Familie von Münchhausen errichtet, in deren Besitz es bis 1918 verblieb. Es handelt sich um eine dreiflügelige Anlage, die ursprünglich ganz von einem Wassergraben umgeben war.

Sicherlich hat es von Anfang an Obst- und Gemüsegärten bei dem Schloss gegeben. Eine Gartenanlage mit Ziercharakter scheint jedoch erst durch Otto I. von Münchhausen (1643-1717) angelegt worden zu sein. Er hatte als junger Mann eine längere Reise nach Holland unternommen, und vermutlich begann er nach seiner Rückkehr 1668, einen barocken Garten in Schwöbber anzulegen. Es gab darin immer noch viele Nutzpflanzen, aber auch einen Blumengarten, Alleen und einen langen Gang aus geschnittenen Hainbuchen. Der den Garten durchfließende Beberbach wurde begradigt und kleine Kanäle und ein rechteckiges Wasserbecken wurden von ihm gespeist. Besonders berühmt war der Garten von Schwöbber für seine exotischen Kübelpflanzen und insbesondere für seine Ananaskultur, weshalb sogar Zar Peter der Große 1716 Schwöbber einen Besuch abstattete. Das zur Überwinterung nötige Orangeriegebäude lag im westlichen Gartenteil an der heutigen Landstraße, es brannte Ende des 19. Jahrhunderts ab. Jenseits der Landstraße gab es auch einen umzäunten Tiergarten. Durch Otto II. von Münchhausen (1716-1775) erfolgte etwa ab 1750 eine Umgestaltung des Gartens im landschaftlichen Stil. Dabei war von Münchhausen vermutlich der Erste in Deutschland, der versuchte, die neuen Gestaltungsideen aus England bei der Gestaltung eines Gartens zu berücksichtigen. Außerdem veröffentlichte er 1765 im Rahmen seines sechsbändigen Werkes „Der Hausvater" auch Regeln zur Anlage eines englischen Gartens, wobei es sich um die erste theoretische Abhandlung in deutscher Sprache handeln dürfte. Die Bedeutung von Schwöbber und Otto von Münchhausen liegt dabei eher auf dem theoretischen Gebiet bzw. in der künstlerischen Absicht, denn die Umgestaltung war wohl eher verhalten und bestand im Wesentlichen darin, dass geschnittene Hecken entfernt und gerade Wege geschlängelt wurden. Auch wurde in der Südwestecke Erdreich bis an die Mauerkrone aufgebracht, so dass man von hier über die Umfassungsmauer in die Landschaft schauen konnte, ein typisches, die Gartengrenzen kaschierendes Element. Staffagegebäude hingegen, wie sie sowohl in England als auch

An der L432 zwischen Königsförde und Grupenhagen

Die Besichtigung des Parks ist auf Anfrage möglich unter Tel.: (051 54) 70600.

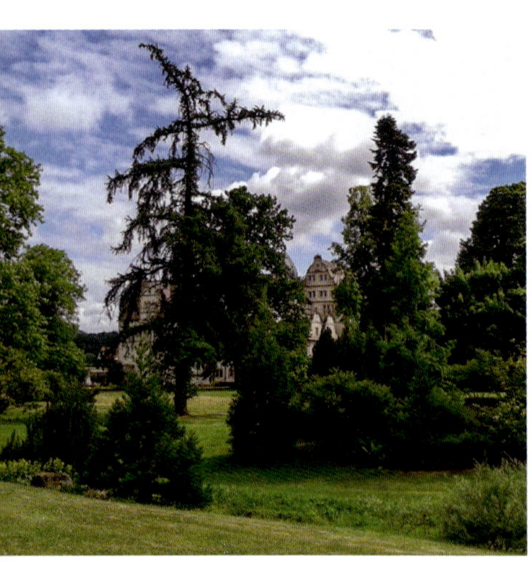

Landschaftspark

später in deutschen Landschaftsgärten üblich waren, findet man hier nicht. Dies mag aber auch daran liegen, dass Otto von Münchhausen sehr auf Sparsamkeit und Nützlichkeit bedacht war. So lautet eine seiner Regeln „Alle Moden, wobey keine großen Kosten erfordert werden, vielmehr etwas erspart werden kann, kann man ohne großes Bedenken nachmachen".

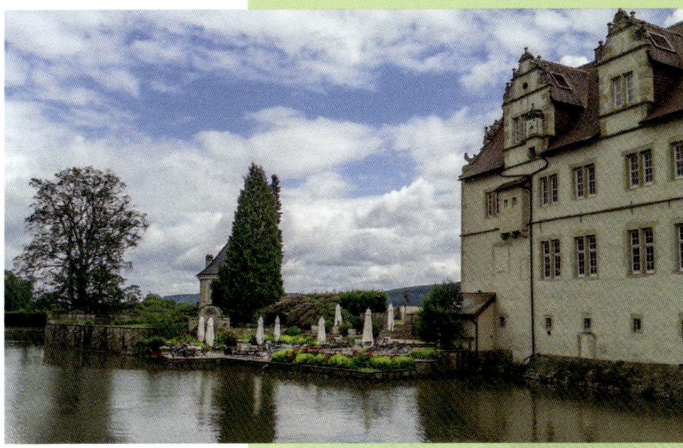

Rückseite des Schlosses mit Wassergraben

Im 19. und 20 Jahrhundert wurde der Garten weiterentwickelt und um die Fläche nördlich des Schlossteiches erweitert. Das weitmaschige Wegenetz führte vor allem am Rand der Anlage entlang. Eine Vielzahl von Baumgruppen und einzelnen Solitären wurde gepflanzt, darunter auch viele botanische Raritäten. Als Ausstattungsstücke kamen ein Eiskeller, auf dem oben ein Sitzplatz eingerichtet wurde, und ein neogotisches Tor, das in den Bereich führt, wo früher die Orangerie gestanden hat, hinzu.

Auf der Schlossinsel hatten lange Zeit auch einige Wirtschaftsgebäude gestanden, diese wurden nach und nach abgerissen, so dass in den 1920er Jahren eine formale Anlage als repräsentatives Gegenüber zum Schloss geschaffen werden konnte. Das vertiefte Parterre wird gen Osten durch eine Terrasse abgeschlossen, deren Enden durch zwei Pavillons betont werden. Diese dienten als Teepavillon und als Winterquartier für Kübelpflanzen. Auf der Terrassenbrüstung sowie an den Parterreseiten stehen Sandsteinfiguren, die nach barocken Vorbildern des Würzburger Residenzgartens, des Gartens in Veitshöchheim und der Kassler Karlsaue geschaffen wurden. Neben vier Göttinnen versinnbildlichen acht Putten die vier Jahreszeiten sowie die vier Elemente. Seitlich des Parterres führt eine interessante halbrunde Treppe zu weiteren kleinen Terrassen direkt am Wasser. Hier findet sich die „Dianagrotte", eine Nische mit Wasserspeier und Figurenschmuck. Zu diesem im Gegensatz zum repräsentativen Parterre eher wohnlich gedachten Gartenbereich gehörten ursprünglich üppige Staudenbeete.

Im 20. Jahrhundert wurden Schloss und Park verkauft. Das Schloss wurde zum Hotel umgenutzt und der Park in Stand gesetzt.

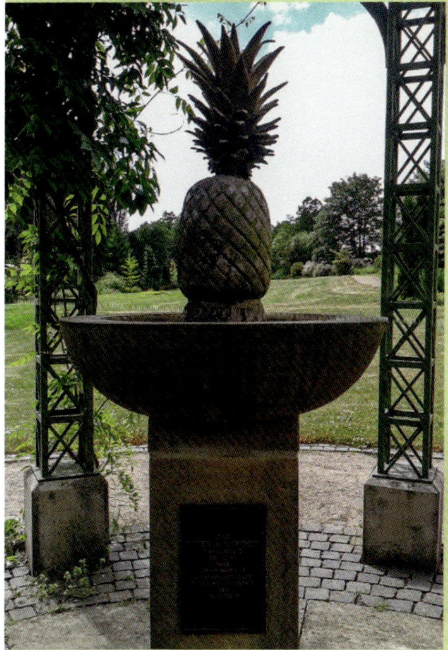

Skulptur zur Erinnerung an den Zarenbesuch im Jahre 1716

SCHLOSS HÄMELSCHENBURG

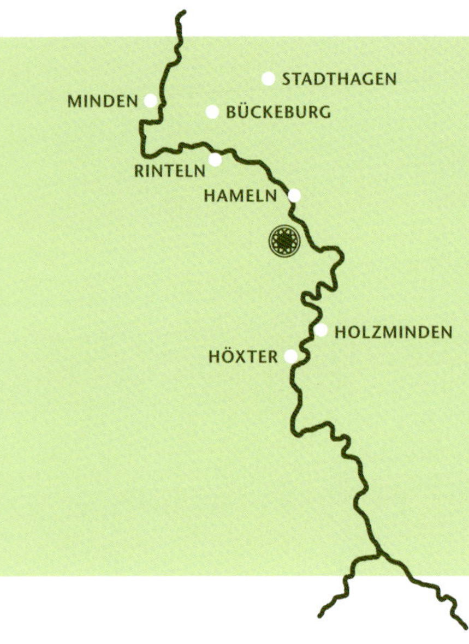

Hämelschenburg liegt an der Landstraße zwischen Emmerthal und Bad Pyrmont.

Die Außenanlagen der Hämelschenburg sind öffentlich zugänglich, das Schloss kann von April bis Oktober besichtigt werden.

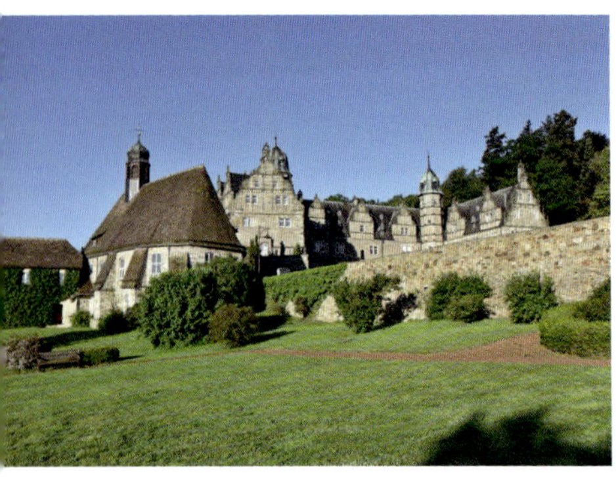

Kapelle und Schloss

Bereits seit dem 15. Jahrhundert ist die Familie von Klencke in Hämelschenburg ansässig. Nachdem eine Brandkatastrophe Burg und Dorf fast völlig vernichtet hatte, wurden von 1587 bis 1613 das heutige Schloss und die umgebenden Wirtschaftsgebäude errichtet. Das älteste Gebäude des Ensembles ist die Schlosskapelle. Sie ist eine der ersten Kirchen in Norddeutschland, die 1563 bereits als evangelisches Gotteshaus errichtet wurde. Interessanterweise ist sie nicht, wie allgemein üblich, nach Osten, sondern Norden ausgerichtet.

Durch einen schmalen Durchlass zwischen Kirche und ehemaligem Kuhstall gelangt man in den Garten. Er wird zur Straße und Feldmark durch eine massive Bruchsteinmauer, die bis zur Emmer führt, begrenzt. Neben Pferdekoppeln findet man hier heute einen neu angelegten „Minnegarten". Über die Gartengestaltung in früheren Zeiten ist nicht viel bekannt, auf dem Merianstich von 1654 (s.S. 7) erkennt man, dass der Garten dreigeteilt war: zum Fluss hin lag ein Baumgarten, vermutlich mit Obstbäumen, denn es gab in damaliger Zeit keine strenge Trennung zwischen Nutz- und Ziergarten. Die Fläche der heutigen Pferdekoppel wies flache Beete auf, die sowohl aus ornamentalen Schmuckrabatten, als auch aus Gemüse und Kräutern bestanden haben können. Der Bereich des heutigen „Minnegartens" war durch Hecken oder Laubengänge in sechs Kompartimente geteilt, an den Schnittpunkten scheint es Pavillons gegeben zu haben. Das Wasserbecken im Schlosshof hatte man im 19. Jahrhundert hier im Garten in der Erde gefunden und dann in den Schlosshof versetzt. Das Gartenhaus stammt von 1788; hier hatte aber schon zuvor ein Gebäude mit einem beheizbaren Saal mit siebenundzwanzig Fenstern gestanden. Dies deutet auf eine Nutzung als Orangerie, also Überwinterungsquartier für Zitrusgewächse und andere empfindliche Kübelpflanzen hin.

Oberhalb des Schlosses am Waldrand steht eine kleine Pyramide, die als Grabmal für Friederike Charlotte von Meding (1822-1853) errichtet worden ist. Die junge Frau war an Tuberkolose erkrankt und setzte ihre Hoffnungen in eine Reise nach Ägypten, wo das trockene, warme Klima Heilung versprach, doch sie verstarb auf dem Weg dorthin in Südfrankreich. Für sie plante ihr Ehemann, Leopold von Klencke den Bau eines neuen Erbbegräbnisses. Bis dato waren die Klenckes in der Gruft der Schlosskapelle zur letzten Ruhe gebettet worden, und dies seit 1563. Der Verlust der geliebten Ehefrau schmerzte so sehr, dass er ihr Andenken auf besondere Weise ehren wollte. Ob es Friederikes eigener Wunsch war, in einer Pyramide begraben zu werden, deren ägyptische Vorbilder zu sehen ihr nicht vergönnt war, oder ob die Idee von Leopold selbst stammte, ist nicht gewiss. Der Plan soll jedoch von dem hannoverschen Baumeister Laves stammen. Der Bau der Pyramide dauerte über zwei Jahre, so dass Friederike erst fast drei Jahre nach ihrem Tod, 1856, im Inneren der Pyramide beigesetzt werden konnte. Bis dahin war der Sarg in einem kühlen Keller des Schlosses aufgebahrt worden. Über dem Eingang der Pyramide ist ein Rad als Wappensymbol der Klenckes angebracht. Die Pyramide ist von immergrünen Nadelgehölzen, Efeu und Rhododendren gesäumt. So entsteht eine besinnlich-düstere Friedhofsatmosphäre. Der Weg vom Schloss zur Pyramide wird von verschiedenen mächtigen Bäumen gesäumt: Platanen, Blutbuchen, Scheinzypressen, Douglasien und Mammutbäume sind Reste einer landschaftlichen Gartenanlage. Heute ist die Pyramide leer; bis 1945 als Familienbegräbnis genutzt, mussten die Sarkophage wegen der Hygienevorschriften der amerikanischen Verwaltung entfernt werden.

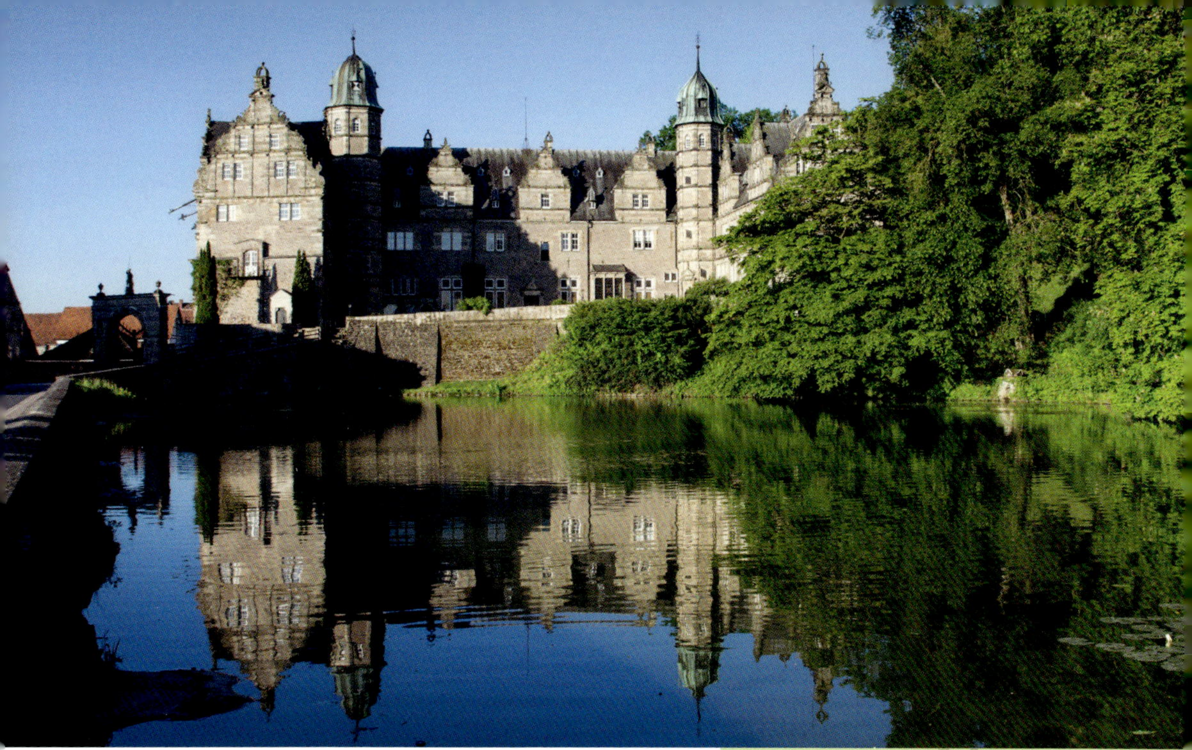

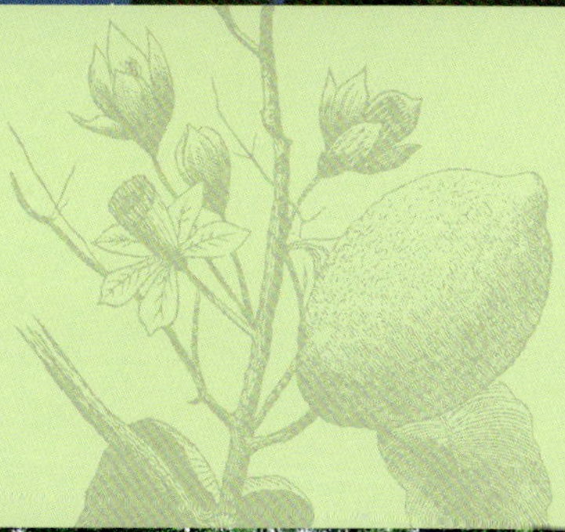

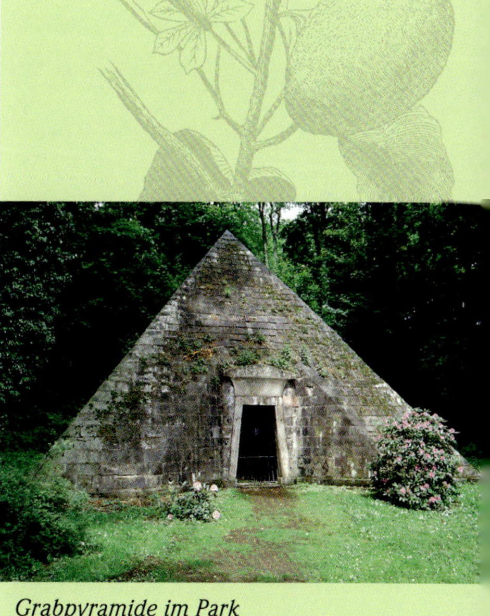

Grabpyramide im Park

KURPARK BAD PYRMONT

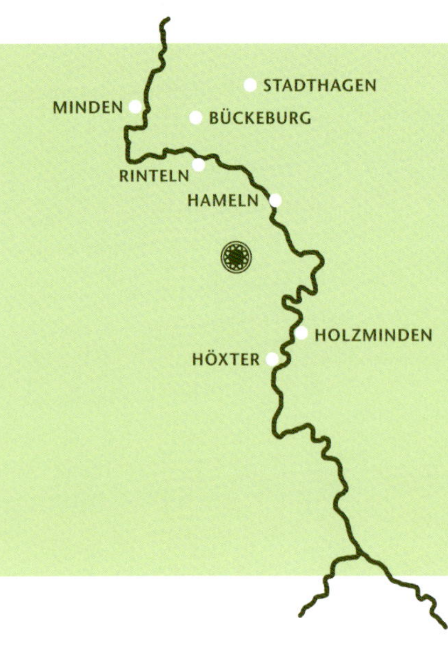

Der historische Mittelpunkt von Bad Pyrmont ist der „Hyllige Born“, der auf dem heutigen Brunnenplatz entspringt. Die Heilquellen, von denen heute sieben von ehemals 19 Stück im Stadtgebiet zu Tage treten, wurden schon im 1. Jahrhundert n. Chr. genutzt, wie die Funde von Opfergaben beweisen. Erste schriftliche Überlieferungen über die Quellen gibt es aus dem 14. Jahrhundert. Mitte des 16. Jahrhunderts hatte sich die Kunde von der wundersamen Heilkraft des Wasser in ganz Europa verbreitet, so dass 1556 mehr als 10.000 Menschen nach Pyrmont strömten. Dieses sogenannte „Wundergeläuf“ sprengte die Beherbergungskapazitäten der umliegenden Bauernhäuser bei weitem, weshalb viele Besucher auf dem Heiligen Anger, dem Gelände des heutigen Kurparkes, in Zelten campieren mussten.

Erst in den 1660er Jahren begann Fürst Georg Friedrich von Waldeck und Pyrmont mit dem planmäßigen Aufbau eines Kurortes. Über der Quelle, die mitten auf einer Wiese entsprang, wurde ein achteckiges Brunnenhaus errichtet, zum Schutz vor Verunreinigungen, aber auch als architektonische Betonung. Der heutige Brunnentempel stammt ebenso wie die dahinterliegende Wandelhalle aus dem Jahr 1924. Von hier ausgehend wurden zwei Straßen im rechten Winkel zueinander angelegt. Zum einen wurde 1667 die Hauptallee angelegt, zunächst mit Eichen, die jedoch nicht gediehen, dann 1670 als vierreihige Lindenallee. Diese Allee führt von der Quelle aus etwa 400 Meter das leicht abschüssige Gelände hinab. Zum anderen war 1667 das Dorf Oesdorf abgebrannt. Der Fürst förderte dessen Wiederaufbau und die Bebauung zwischen Dorf und Quelle: die heutige Brunnenstraße. Dadurch entstand eine Art „Kurviertel“. Diese Straße wurde ebenfalls mit Linden bepflanzt.

In den folgenden Jahren entwickelte sich Pyrmont zu einem der führenden Bäder. Der Ort wurde auch gerne vom Adel aufgesucht. 1681 kam es zum sogenannten „Fürstensommer“, in dem 40 Mitglieder europäischer Herrscherhäuser in Pyrmont weilten. Für den Adel stand eher das gesellschaftliche Leben, denn der Nutzen für die Gesundheit im Vordergrund. Mit einem Glas Mineralwasser ging man die Allee hinab und wieder hinauf, wobei man das Wasser in kleinen Schlucken zu sich nahm. Zahlreiche Boutiquen und Stände säumten die Allee. Man sah und wurde gesehen, zumal die Mitte dieser Hauptallee, einer

Seit 1898 ist der Kurpark eingezäunt und im Sommer nur gegen Entrichtung eines Eintrittsgeldes zu betreten. Die außerhalb liegenden Alleen (Hauptallee, Schlossallee, Hylligen-Born-Allee, oberer Teil des Dreistrahls sowie Bombergallee) und die anderen Parks sind ganzjährig frei zugänglich.

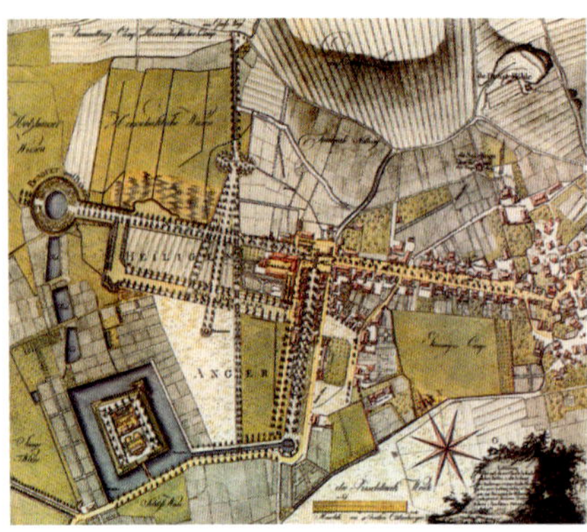

Plan des Kurparks von 1790

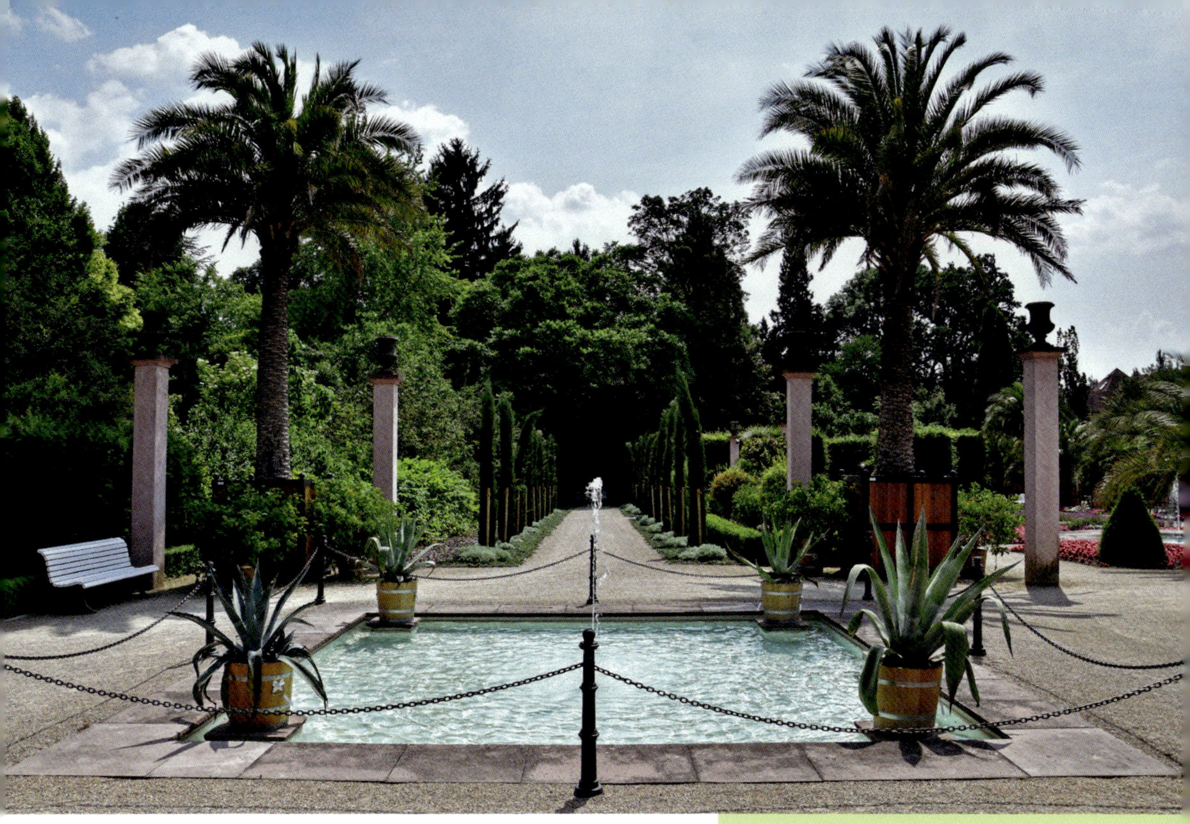

Palmengarten

Doppelallee, bis weit in das 19.Jahrhundert hinein nur den höheren Ständen vorbehalten.

Im 18. Jahrhundert wurde das Alleensystem zu seiner heutigen Größe ausgebaut. Den Anfang machte 1705 die Schlossallee. Ein von Bäumen gesäumter Kanal führte vom Schlossgraben zum unteren Ende der Hauptallee. Dieser Kanal wurde im Jahr 1860 zugeschüttet, die Allee jedoch beibehalten. Der Schnittpunkt mit der Hauptallee wird seit 1720 durch ein Wasserbassin mit Springbrunnen betont. Hier steht eine besonders dicke Linde, die 1732 gepflanzt worden sein soll. Um die zur Hauptsaison stets überfüllte Hauptallee zu entlasten, schuf man 1745 die Heiligen-Anger-Allee, die als vierreihige Lindenallee parallel zur Hauptallee direkt neben dieser verläuft. Es folgten im rechten Winkel dazu 1750 die Springbrunnenallee (vormals Ballhausallee) und 1772 die Hylligen-Born-Allee (ehemals Bassinallee). Die Springbrunnenallee war ursprünglich sechsreihig, besteht heute noch aus vier Kastanienreihen, in deren Mitte sich ein Band aus runden Springbrunnen und üppiger Sommerbepflanzung entlang

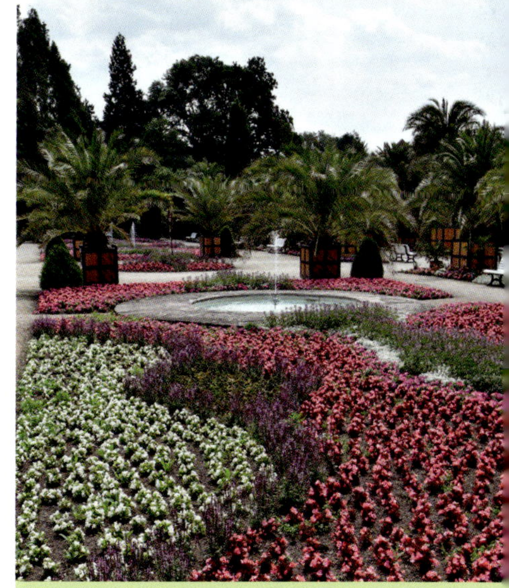

Beete im Palmengarten

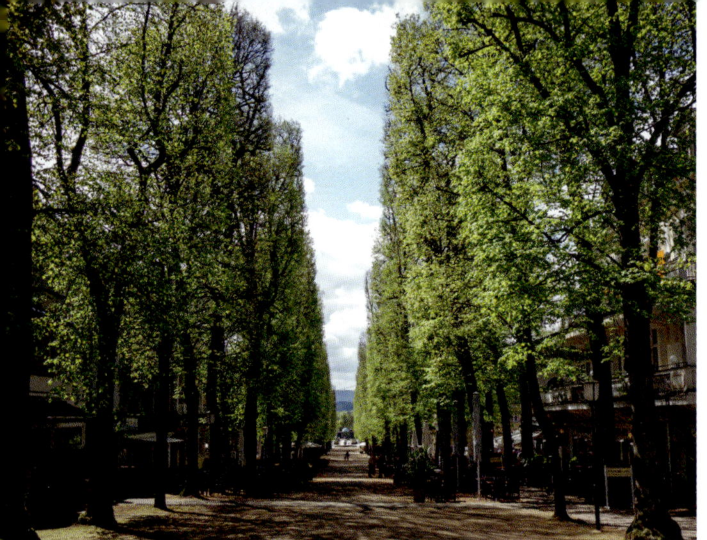

Hauptallee

zieht. Diese Gestaltung stammt aus den 1950er Jahren. Die Springbrunnenallee endet ebenso wie die parallel dazu verlaufende Hylligen-Born-Allee in einem großen runden Wasserbecken.

Etwas oberhalb der Hylligen-Born-Allee liegt der Aesculap-Platz. Dieser ist Ausgangspunkt des sogenannten Dreistrahls, der in den 1760er Jahren angelegt wurde. Von hier aus führen drei Alleen fächerförmig den Hang hinunter. Alle drei hatten ursprünglich einen besonderen Blickfang, einen Point de vue. Durch die linke Allee, die Klosterallee, sah man auf das Franziskanerkloster im nahegelegenen Lügde. Heute ist dieser Blick durch moderne Gebäude in Pyrmont verbaut. Durch die rechte Allee konnte man das Schloss sehen. Die mittlere Allee ist heute nur noch bis zur Hylligen-Born-Allee vorhanden, da man 1950 ein CO2-Quellgasbadehaus in ihrem weiteren Verlauf errichtete. Ihr ursprünglicher Endpunkt war der sogenannte Erdbeertempel im Kurpark. Dieser wurde zum Gedenken an eine 1781 verstorbene holländische Witwe von deren Verwandten errichtet; die Dame soll durch den Genuss von Erdbeeren und anschließender Trinkkur verstorben sein. Der heutige Tempel, eine Rotunde mit acht Säulen, wurde 1910 neu aufgebaut.

Als letzte Allee kam 1883 die Bombergallee hinzu. Als Verlängerung der Klosterallee führt sie den Hang hinauf. Durch ihre engstehenden, hochaufragenden Linden erscheint sie wie ein grüner Dom.

Im 17. und 18. Jahrhundert kam hauptsächlich der Adel nach Pyrmont, Ende des 18. Jahrhunderts auch zahlreiche Dichter und Gelehrte. Zwar verlor sich nach 1800 allmählich die europäische Bedeutung als Modebad ersten Ranges, dennoch kam eine wachsende Zahl Besucher. Man brauchte also über die Alleen hinaus weitere Anlagen, in denen sich die Besucher ergehen konnten. So begann man um 1805 mit der Anlage des Kurparkes, ließ aber die Alleen unangetastet, sondern füllte sozusagen die Zwischenflächen über mehrere Jahrzehnte hin auf. Der Park ist gemäß dem Geschmack der Zeit im Stil eines Landschaftsparks

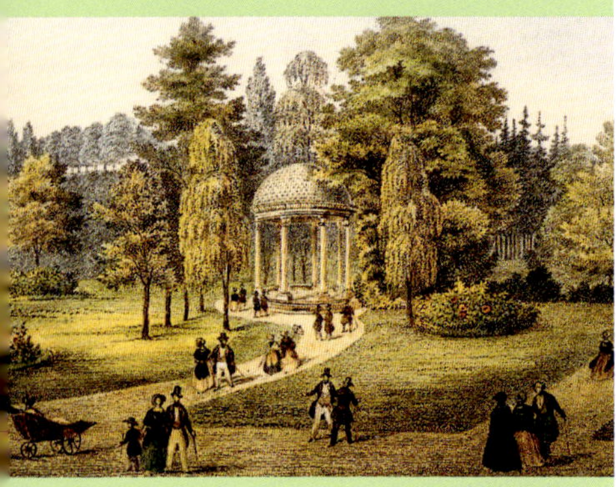

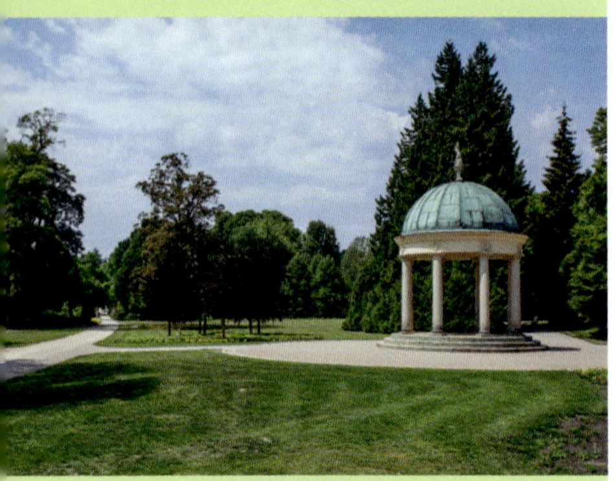

Landschaftliche Anlage um den Erdbeertempel, 1850 und heute

angelegt. Anfang des 20. Jahrhunderts wirkte hier neben dem Pyrmonter Gartendirektor Werner Dirks auch der hannoversche Stadtgartendirektor Julius Trip.

1912 wurde das Gelände östlich des Schlosses zum Palmengarten gestaltet. In dieser regelmäßigen Anlage werden im Sommer über 300 Palmen verschiedener Arten und über vierhundert andere Kübelpflanzen aufgestellt. Das südliche Flair wird verstärkt durch eine Allee von zypressenähnlichem Säulenwacholder.

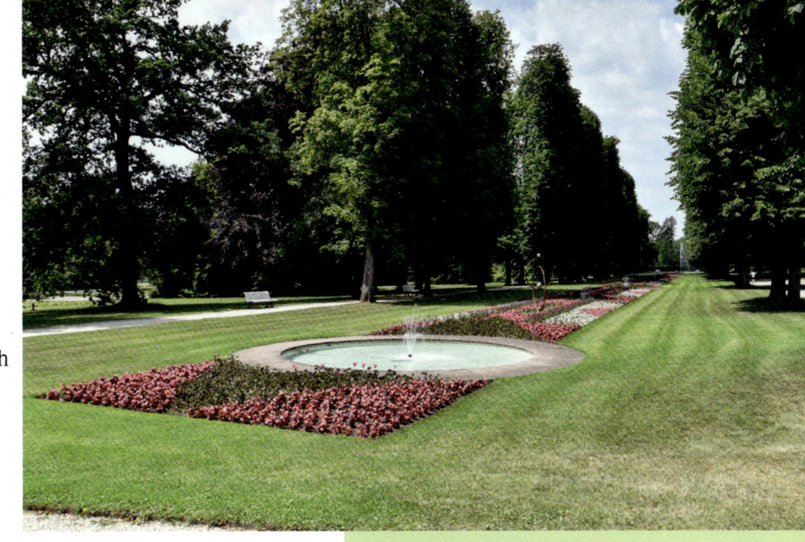

Springbrunnenallee

Ein weiteres Highlight ist im Mai und Juni der Azaleenweg, der 1926 angelegt und 1965 erneuert wurde. An seinem Ende öffnet sich der sogenannte Malerblick gen Norden auf eine Kette von Teichen. Viele weitere Sichtachsen sind im Park vorhanden, der durch viele kleine Gebäude zusätzlich bereichert wird. Neben dem erwähnten Erdbeertempel gibt es ein doppelstöckiges Teehaus von 1815, ein Dunst-Badehäuschen von 1833 (das 1974 vom Brunnenplatz an das Ende des Azaleenweges versetzt wurde) und ein Borkenhäuschen von 1909.

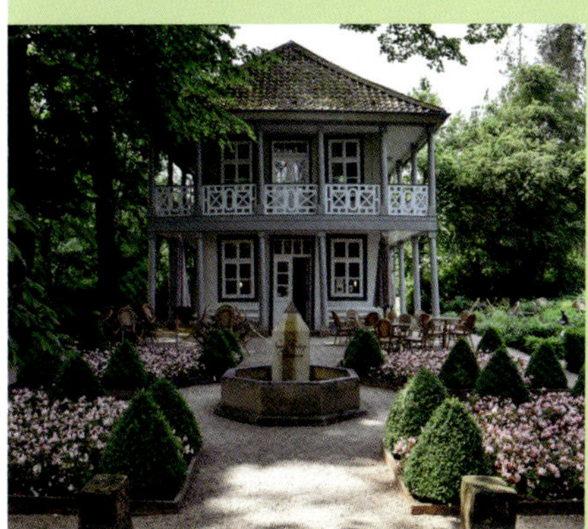

Teehaus von 1815

Die allererste Gartenanlage Pyrmonts war übrigens der Garten des Pyrmonter Schlosses. Dieses wurde ab 1526 als Festung errichtet und daher mit hohen Wällen umgeben. Das barocke Schloss, die Sommerresidenz der Fürsten von Waldeck und Pyrmont, wurde 1710 erbaut, etwa zwanzig Jahre später bepflanzte man die Wälle erstmals mit Linden. Von hier hat man einen schönen Blick in den Kurpark. Westlich des Schlosses gab es mindestens seit 1630 einen Lust- und Küchengarten. Erst in den 1950er Jahren wurde dieser Bereich, anscheinend lange ungenutzt, als Ruhezone in den Kurpark mit einbezogen und „Refugium“ genannt.

Ergänzend zum Kurpark und dem Alleensystem gibt es zahlreiche kleinere Grünanlagen in Bad Pyrmont, wie beispielsweise den Bergkurpark, der in den 1930er Jahren rechts und links der Bombergallee angelegt wurde und der den eigentlichen Kurpark mit den bewaldeten Hügeln verbindet.

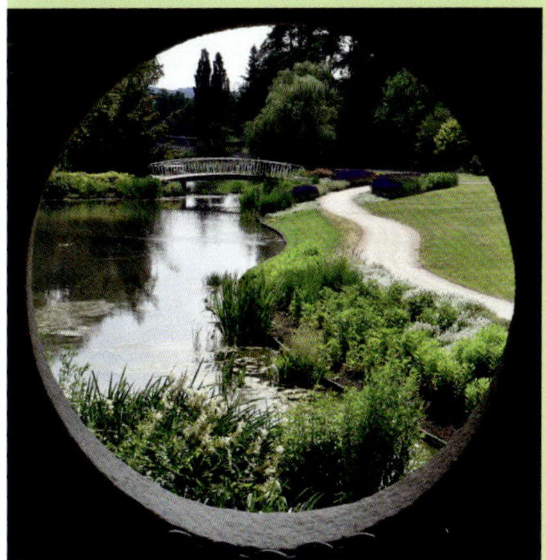

Blick aus dem Gartenhäuschen

SCHLOSS HEHLEN

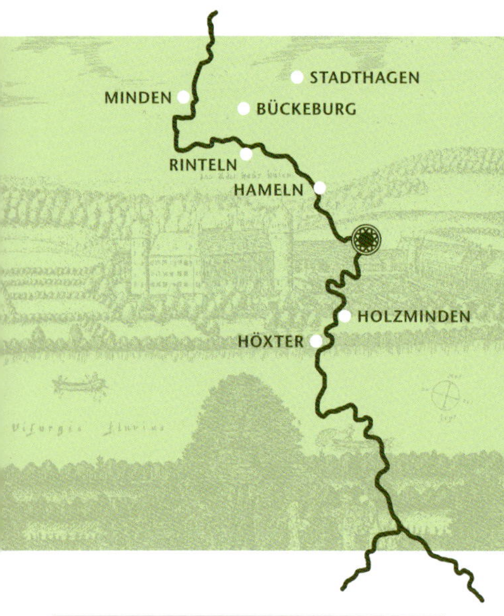

Schloss Hehlen wurde um 1580 von Ilse von Saldern und Fritz von der Schulenburg erbaut und war dann etwa 400 Jahre im Besitz der Grafen von der Schulenburg. Bei dem schlichten, von einem Wassergraben umgebenen Renaissancebau handelt es sich um eine der ersten Vierflügelanlagen, die im Weserraum geschaffen wurden.

Das langgezogene Areal mit Wirtschaftsgebäuden, Schloss und Park erstreckt sich unmittelbar an der Weser. Mindestens bis zum Ende des 18. Jahrhunderts hatte es eine geometrische Gartenanlage gegeben. Aus dieser Zeit haben sich zahlreiche Skulpturen erhalten. So stehen an der Auffahrt zum Schloss vier große Figuren, die Herkules, Venus, Flora und Pomona darstellen. Besonders reizvoll ist der Blick über die niedrige Mauer zur Weser, wo zwei Dutzend Putten die Brüstung schmücken. Vermutlich wurde im 19. Jahrhundert die formale Gestaltung aufgegeben und eine landschaftliche Anlage geschaffen. Ein geschwungener Rundweg führt durch gepflegte Rasenflächen, die mit zahlreichen Solitärgehölzen bestanden sind. An den Park schließt sich eine ummauerte landwirtschaftlich genutzte Fläche an, die einst mit zum Park gehörte.

Das Schloss liegt im Ort Hehlen.

Der Park kann auf Anfrage unter Tel.: (05 11) 32 73 21 besichtigt werden.

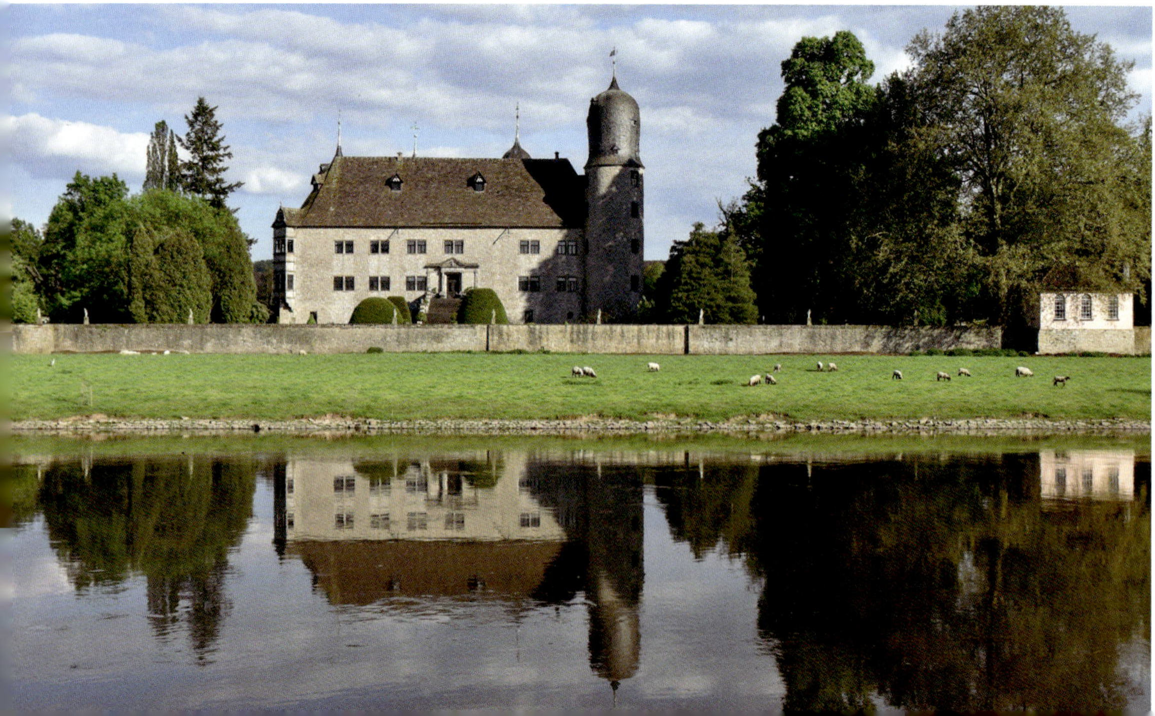

KLOSTER AMELUNGSBORN

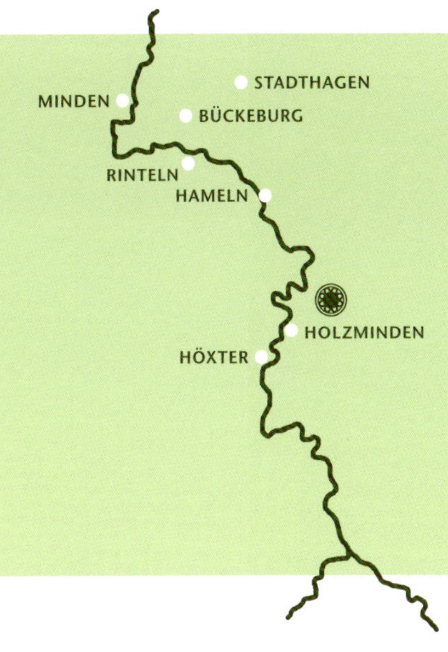

Das Zisterzienserkloster Amelungsborn wurde 1135 gegründet. Nach der Reformation diente es bis ins 18. Jahrhundert als Schule, seit 1960 ist hier ein evangelischer Konvent beheimatet. Das Kloster liegt allein in freier Lage fern der nächsten Ortschaften und umfasst neben der Kirche, den ehemaligen Konventsgebäuden, zahlreichen Wirtschaftsgebäuden und Stallungen auch das herrschaftliche Wohnhaus des Domänenpächters. Eine weitläufige Mauer schließt den gesamten Komplex ein, wozu auch ein Teich, Obstwiesen und Viehweiden gehören. So lässt sich die vielfältige, selbstversorgende Wirtschaftsweise, die das Kloster betrieb, noch gut nachvollziehen.

Südlich der Kirche finden sich zwei abschüssige Terrassen mit Obstbäumen und Gemüseflächen, teilweise mit Buchs eingefasst. Sicherlich haben sich hier in der geschützten Lage einst größere Flächen für Nutzpflanzen befunden.

In jüngster Zeit hat man südlich der Kantorei einen kleinen Garten nach mittelalterlichem Vorbild angelegt, mit rechteckigem Grundriss und einer Begrenzung aus Mauerwerk und Flechtzaun. In ihm befinden sich zwölf Hochbeete, auf denen verschiedene Arznei-, Färbe-, Küchen- und Symbolpflanzen gezeigt werden, die in einem Kloster unentbehrlich waren. Zur besinnlichen Rast dient eine Rasenbank, ein typisches Ausstattungselement mittelalterlicher Gärten. Bei dem einzelnen Apfelbaum handelt es sich um eine graue französische Renette, eine sehr alte Sorte, die im Mittelalter von dem Mutterkloster Morimont in Burgund an Klöster in ganz Europa weitergegeben wurde.

Kloster Amelungsborn liegt direkt an der B 64 zwischen Negenborn und Eschershausen.

Die Klosteranlage ist ganzjährig öffentlich zugänglich.

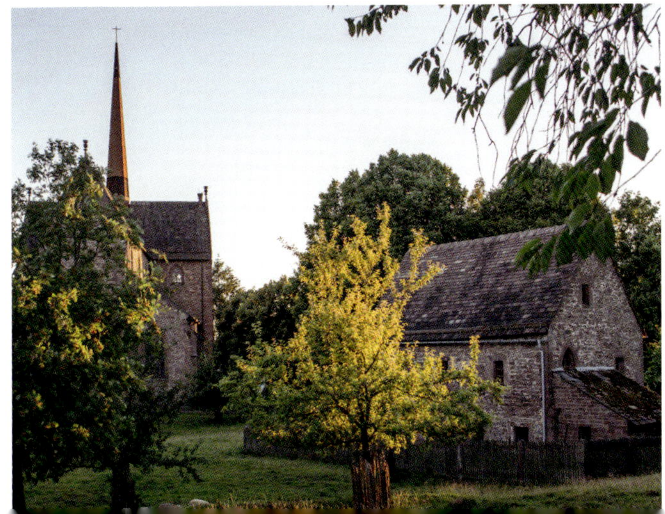

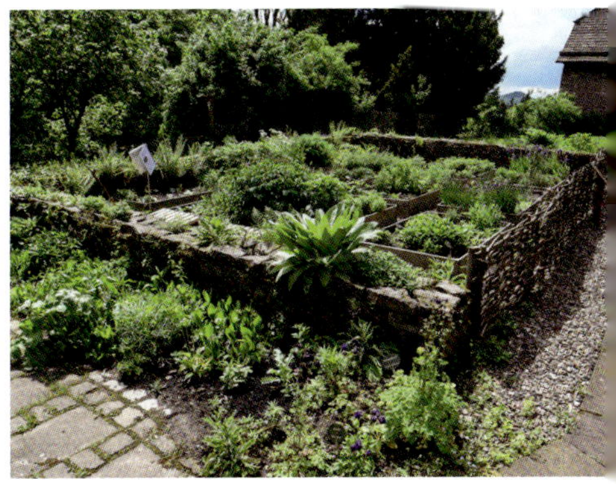

Kräuterbeete

Klosterkirche mit Obstwiese

RITTERGUT WESTERBRAK

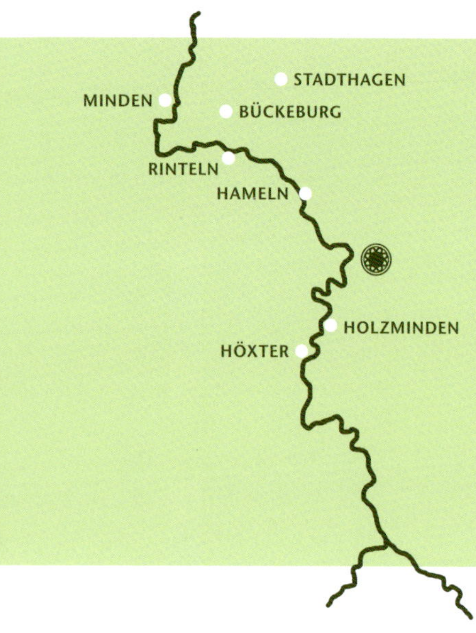

Westerbrak liegt an der Kreisstraße zwischen Bodenwerder und Kirchbrak, parallel zur B 240.

Der Garten ist nach Anmeldung unter Tel.: (0 55 33) 26 23 zu besichtigen.

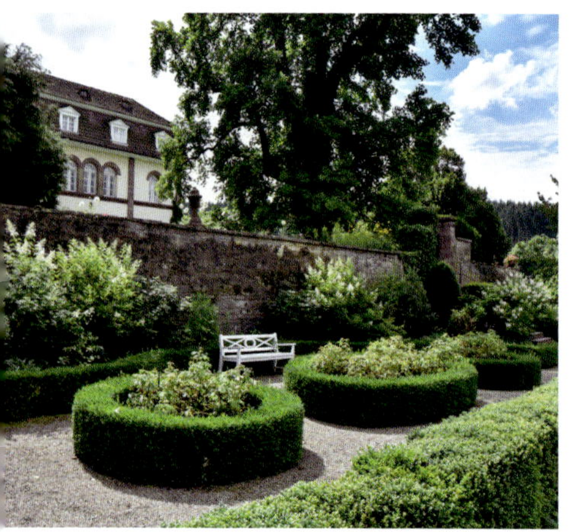

Buchsbaum-Rondelle

Das Rittergut Westerbrak wurde 1618 gegründet und ist seitdem im Besitz der Familie von Grone. Mit der Anlage des Gartens begann man im Jahr 1667, indem man drei Terrassen schuf, die vom Gut in Richtung Dorf hinab führten und durch Treppenanlagen verbunden waren. Auf der obersten Ebene stand das Herrenhaus.

In der ersten Hälfte des 18. Jahrhunderts wurde der Garten weiter ausgeschmückt. Das längsrechteckige Areal war durch eine Mittelachse, zwei Randwege und mehrere Querwege gegliedert und von einer Mauer umschlossen. Zur Ausstattung gehörten Hecken, Alleen, Obstspaliere, Putten und Fontänenbecken. Neben reinen Zierbeeten werden sicherlich auch Gemüsebeete vorhanden gewesen sein. Nachdem die heute noch erhaltenen Wirtschaftsgebäude des Gutes in symmetrischer Anordnung neu errichtet worden waren, war eine Gesamtanlage entstanden, die dem barocken Prinzip der Axialität entsprach. Allerdings war die Hauptachse des Gartens nicht auf das etwas abseits stehende Herrenhaus ausgerichtet, sondern auf die Mitte des U-förmigen Wirtschaftshofes.

Im 19. Jahrhundert wurden zunächst die Hecken, Alleen und Spaliere durch von Buchs eingefasste Nutzbeete ersetzt, schließlich gab man die geometrische Gliederung entsprechend der Mode des Landschaftsgartens ganz auf. Es wurden geschlängelte Wege angelegt und einige Solitärgehölze gepflanzt. Nach dem Anbau an das Herrenhaus 1855 wurde auch die obere Terrasse in diesem Sinne gärtnerisch neu gestaltet.

In den 1920er Jahren nahm sich Agnes von Hammerstein nach ihrer Einheirat nach Westerbrak des Gartens mit großer Leidenschaft an. Im Sinne der reformierten Gartenkunst stellte sie wieder ein geometrisches Wegenetz auf der unteren Terrasse her, wobei sie die barocken Längsachsen wiederaufnahm, die Querachsen jedoch, im Unterschied zur Barockzeit, auf das Wasserbassin ausrichtete. Dazu kamen Staudenbeete im Sinne der englischen Gartenarchitektin Gertrude Jekyll.

Leider fiel in den 1970er Jahren die untere Terrasse dem Straßenbau zum Opfer. Dennoch bietet der Garten heute ein sehenswertes Zusammenspiel von Elementen aus über dreihundert Jahren Gartengeschichte. Dazu gehören aus dem Barock die Grundstruktur mit Längsachse und Umfriedung, die Treppenan-

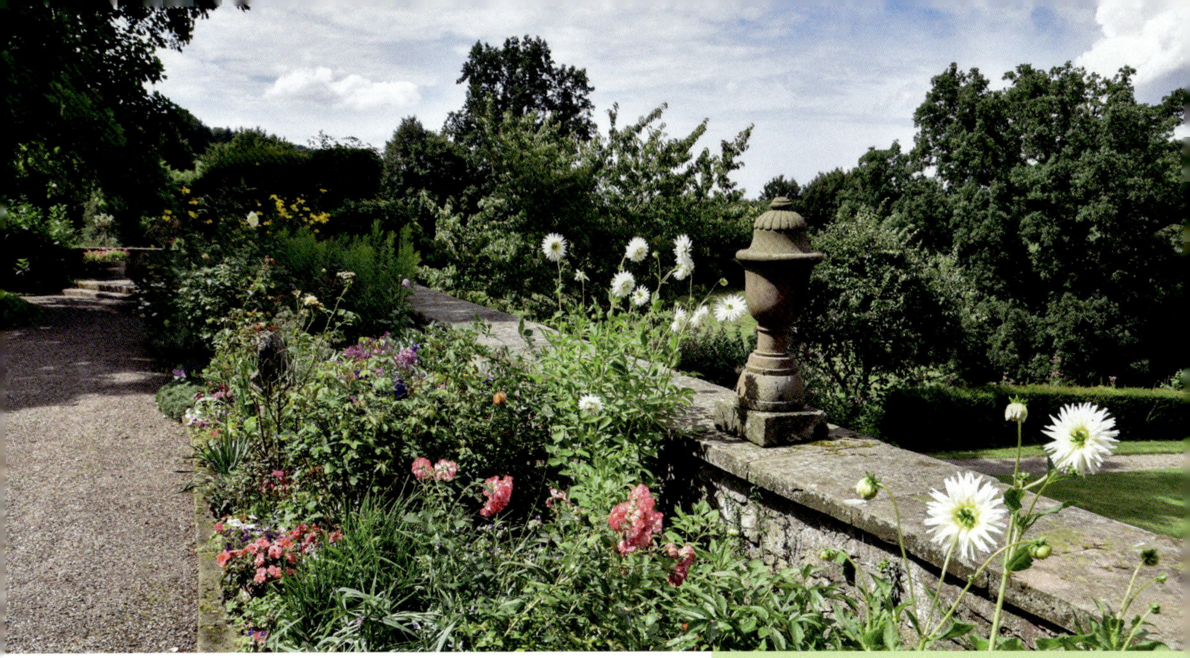

Blumenbeet auf der oberen Terrasse

lagen, das Wasserbassin sowie drei Putten, die heute auf der oberen Terrasse in den Staudenbeeten an der Mauer stehen. Aus dem Jahre 1730 stammt das sogenannte Engelstor, welches heute den Abschluss der Längsachse bildet, hierher allerdings erst nach dem Verlust der unteren Terrasse versetzt wurde, auf der es in der seitlichen Mauer gestanden hatte. Der Name leitet sich von den beiden janusköpfigen Engeln ab, die das Familienwappen über dem Torbogen halten. Das 19. Jahrhundert wird durch die hohen, alten Bäume repräsentiert, von denen besonders die mächtige Linde vor dem Herrenhaus hervorzuheben ist. Üppige Staudenbeete entlang der Mauern hat das 20. Jahrhundert beigesteuert. Nicht unerwähnt bleiben soll der herrliche Ausblick, den man von der oberen Terrasse gen Westen in die Landschaft genießen kann.

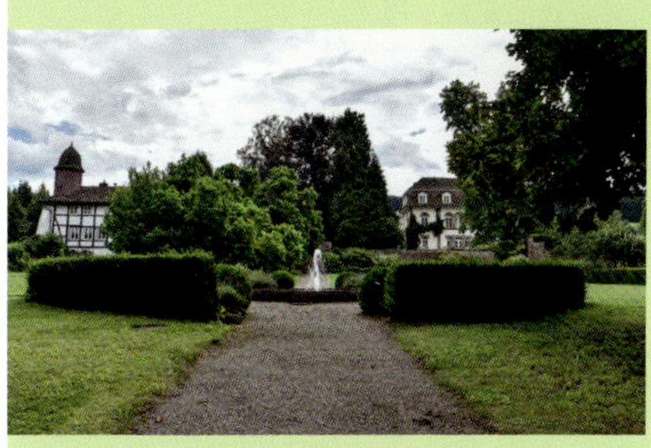

Zentraler Springbrunnen

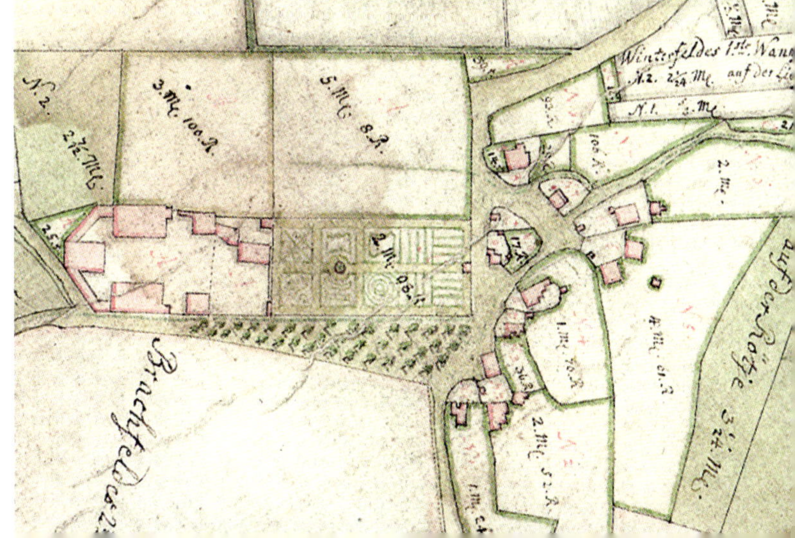

Plan des Rittergutes aus dem Jahre 1754

SCHLOSS CORVEY

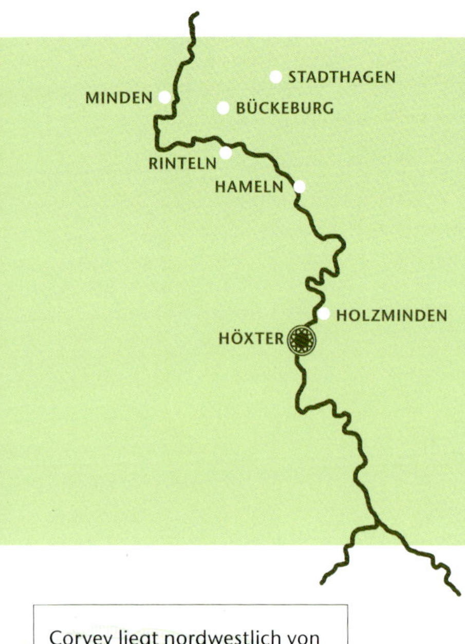

Corvey liegt nordwestlich von Höxter direkt an der Weser.

Die Anlage ist zum Teil öffentlich zugänglich.

Bereits im Jahre 822 wurde das Benediktiner-Kloster Corvey gegründet, dessen Name sich von dem französischen Mutterkloster Corbie ableitet. Da die mittelalterlichen Gebäude im Dreißigjährigen Krieg schwer beschädigt worden waren, erfolgte ab 1667 ein kompletter Neubau sämtlicher Gebäude, lediglich das Westwerk der Kirche stammt im Wesentlichen aus dem 9. Jahrhundert. Nach nahezu 1000 Jahren Klosterleben teilte Corvey 1803 das Schicksal aller Reichsabteien, indem es aufgelöst und einem weltlichen Fürsten, in diesem Fall dem preußischen König, zugesprochen wurde. Seit 1840 ist das Anwesen im Besitz der Herzöge von Ratibor und Corvey.

Man betritt die Anlage über eine Brücke, die einen trockengefallenen Graben überquert. Ursprünglich war die Anlage an drei Seiten von schützenden Wassergräben umgeben, während auf der vierten die Weser diese Schutzfunktion übernahm. Nach Passieren der Torgebäude gelangt man in den äußeren Schlosshof. Schlichte Rasenflächen mit schmalen Rosenrabatten leiten auf das Schloss zu. Der Blick auf den Wirtschaftshof wird durch dichte Abpflanzungen verstellt. Interessant ist der offen geführte Bach, der durch das Kloster hindurch der Weser entgegenfließt. Dies ist ganz typisch für Klosteranlagen, die sich das fließende Wasser erst in der Küche und dann in den Latrinen nutzbar machten.

Im Innenhof des Schlosses schneiden buchsbaumgesäumte Rabatten die Ecken, eine Gestaltung des frühen 20. Jahrhunderts. Hier befindet sich der Eingang in das Museum, das man sich nicht entgehen lassen sollte, um einen Blick in den Kreuzgarten werfen zu können. Er ist schlicht gestaltet, vier Rasenflächen werden von Buchs eingefasst und durch vier Magnolien im Mittelpunkt akzentuiert. Der Kreuzgarten, auch Friedgarten genannt, diente früher auch als Begräbnisplatz für die Mönche, während die Äbte in der Kirche beigesetzt wurden. Heute finden sich hier Gräber der fürstlichen Familie.

Im ersten Stock des Museums sind ein Plan, der die Anlage um 1810 zeigt, sowie ein danach gebautes Modell ausgestellt. Damit kann man sich einen guten Überblick über den Komplex verschaffen. Allerdings sind die Gartenanlagen eher schematisch dargestellt. In den Bibliotheksräumen werden weitere Gartenpläne und -bücher präsentiert, beispielsweise ein Stichwerk von 1706 zur Kasseler Wilhelmshöhe, Pücklers Andeutungen über

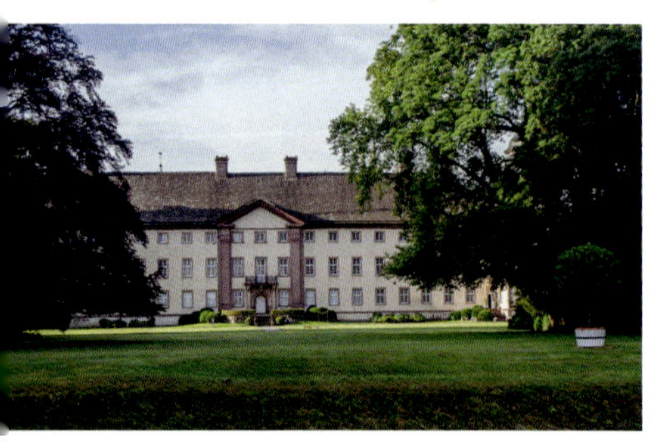

Schlossansicht von Norden

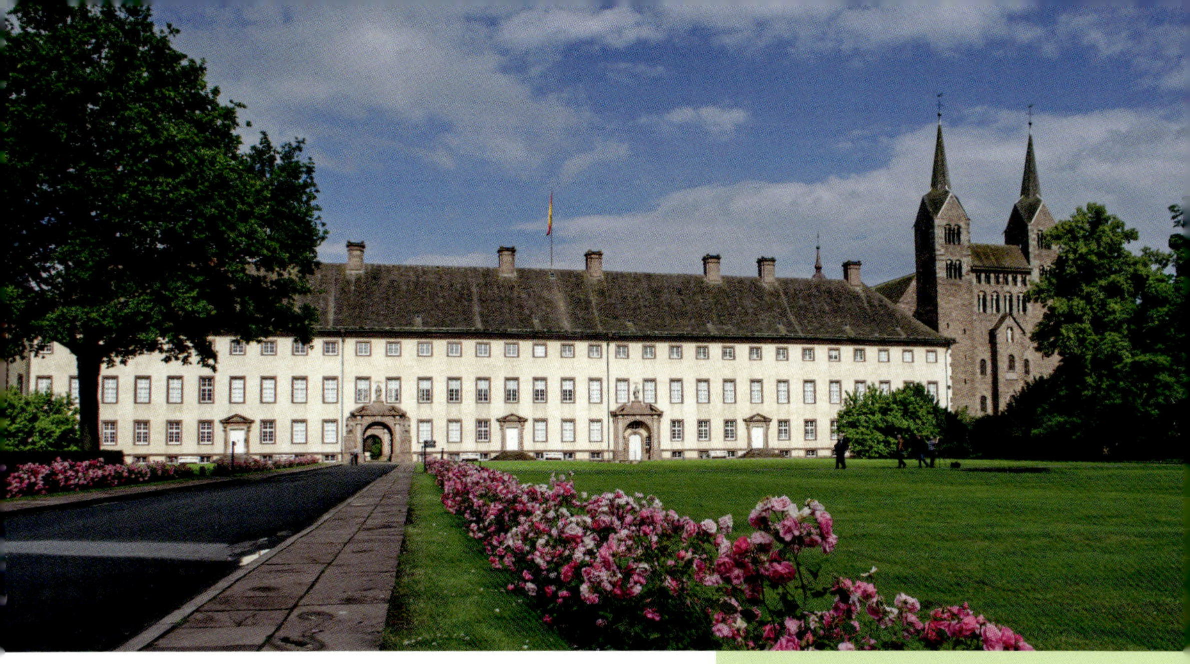

Fassade des Barockschlosses mit dem Westwerk der Klosterkirche

Landschaftsgärtnerei von 1834 und ein Herbarium der Herzogin von Ratibor aus dem Jahre 1847. Auch liegt ein Plan aus Corvey von 1716 aus, der eine im Osten zur Weser hin gelegene Obstplantage zeigt. Von dieser Obstplantage ist nichts mehr erhalten, abgesehen von wenigen Kirschbäumen findet sich hier heute eine Fichtenschonung.

Von den Bibliotheksräumen kann man einen Blick in den privaten Gartenteil werfen, der sich vor dem Nordflügel erstreckt. Hier hatten bereits die Äbte in der ersten Hälfte des 18. Jahrhunderts einen Lustgarten angelegt, über dessen Aussehen nichts weiter bekannt ist. Anfang des 19. Jahrhunderts, als das Kloster zum weltlichen Schloss umgebaut wurde, entstand eine landschaftliche Gartenanlage mit zentraler Rasenfläche, die von hohen Bäumen gerahmt wird.

Auf dem Friedhof südlich der Kirche liegt August Heinrich Hoffmann von Fallersleben begraben, der von 1860 bis zu seinem Tod 1874 Bibliothekar in Corvey war.

Es lohnt sich auch, einen Gang außen rund um die Anlage zu machen, die an zwei Seiten von Lindenreihen umgeben wird. An der Weser führt eine Platanenallee entlang, auf der Nordseite bildet ein langgestreckter Wassergraben die Grenze zum Schlossgarten. Hier kann man noch einmal einen Blick über die zentrale Rasenfläche auf das Schloss werfen.

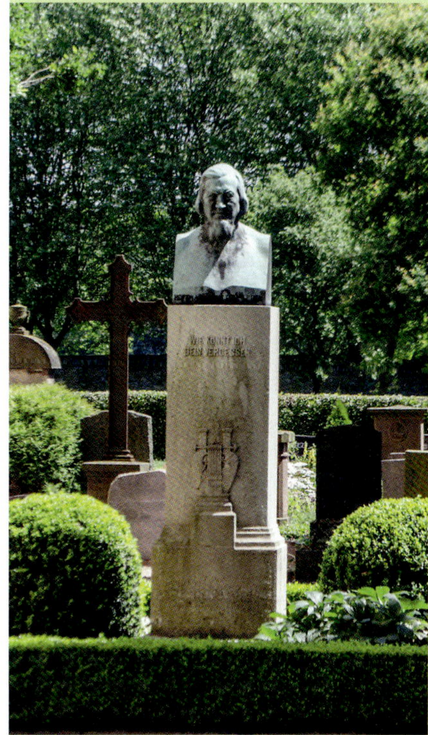

Grabmal von Hoffmann von Fallersleben

STIFTUNGSGUT FÜRSTENBERG

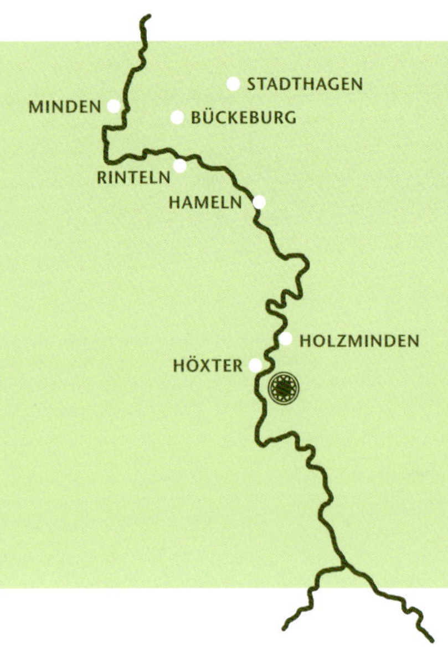

Das Wohnhaus des Stiftungsgutes Fürstenberg wurde um 1760 errichtet. Von einer landschaftlichen Gartenanlage des 19. Jahrhunderts hinter dem Gutshaus sind einige alte Bäume wie Buchen, Lärchen, Ulmen, Ahorn und Linden erhalten. Sie bilden den Rahmen für einen modernen Garten, der hier seit den letzten 40 Jahren entstanden ist und stetig weiterentwickelt wird.

Das leicht ansteigende Gelände ist durch Hecken in verschiedene Gartenräume gegliedert. Es finden sich von Buchs eingefasste, üppig bepflanze Staudenbeete, darunter ein Hochbeet, das mit einer Trockenmauer aus Sollingsandsteinen eingefasst und in den Farben weiß-blau gehalten ist. Ein schmaler Rasengang wird durch hohe Scheinzypressenkegel akzentuiert. In dem von hohen Hainbuchenhecken eingefassten Rosengarten öffnet sich der Blick auf kulissenartig gestaffelte Ligusterhecken, so dass die Atmosphäre eines kleinen Freilufttheaters entsteht. Glyzinien, Je-länger-je-lieber und Rosen überranken eine Pergola und lassen den Laubengang zu einem Dufterlebnis werden. Auch die Ökonomie erhält ihr Recht in Form eines schachbrettartigen Gewürzgartens und eines zur Pferdekoppel umfunktionierten Obstgartens. Insgesamt zeigt dieser durch Rasen, hohe Bäume und heckenumgrenzte Räume geprägte Garten deutlich, dass seine Vorbilder in den englischen Gärten des beginnenden 20. Jahrhunderts zu suchen sind.

Das Stiftungsgut liegt, von Boffzen kommend, gleich am Ortseingang von Fürstenberg.

Der Garten ist geöffnet am Tag des offenen Gartens Mitte Juni und nach telefonischer Absprache.
Tel.: (05271) 5284

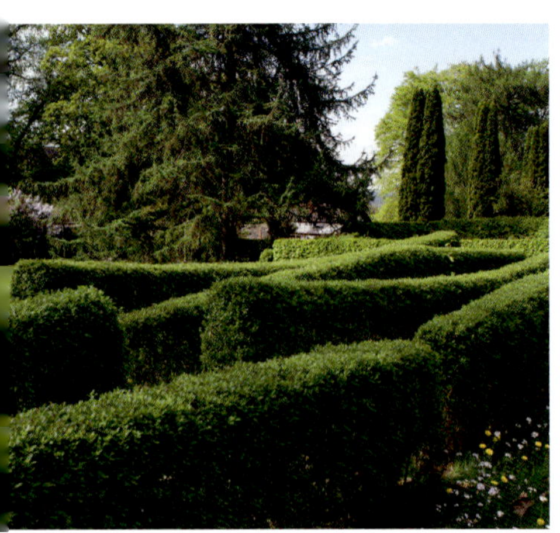

Heckendetail

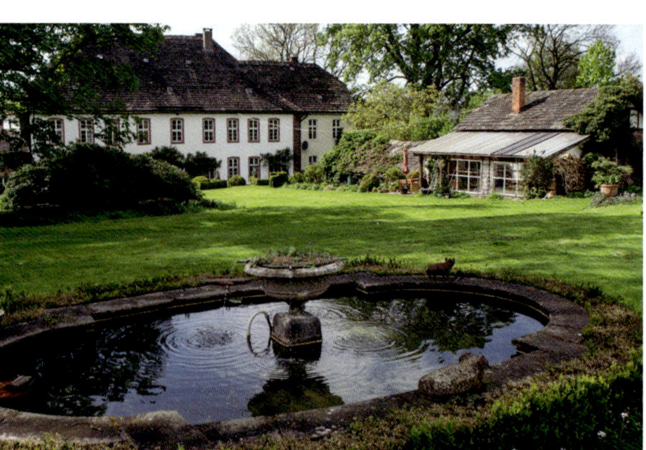

Garten hinter dem Gutshaus

SCHLOSS FÜRSTENBERG

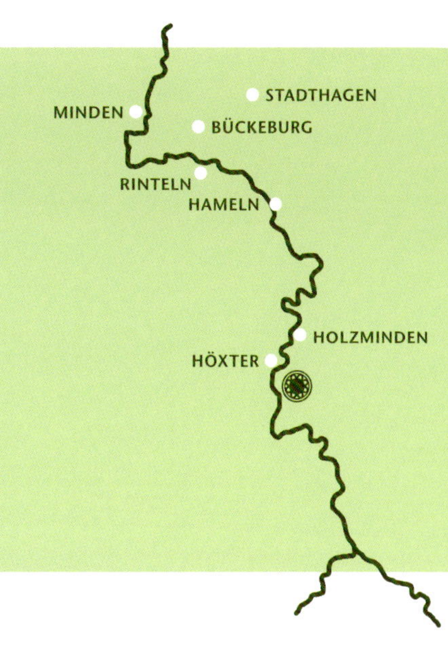

Seit dem Mittelalter ist in Fürstenberg eine Burg überliefert. Hoch oben auf dem Steilufer über der Weser bot sich eine besonders günstige Lage, um das Wesertal zu kontrollieren. Und so leitet sich der Name „Fürstenberg" von „Vorstenberch" ab, was so viel wie „vorstehender Berg" heißt, denn die Burg liegt auf einem Felsvorsprung des Sollings. Das heutige Schloss ist aus der 1355 erstmals erwähnten Burg hervorgegangen und ab etwa 1570 wurde es von den welfischen Herzögen als Jagdschloss genutzt. Im Jahr 1747 ließ Herzog Karl I. von Braunschweig-Wolfenbüttel hier eine Porzellanfabrik einrichten, nach Meißen eine der ältesten noch bestehenden in Deutschland. Im Schloss befindet sich ein Porzellanmuseum.

Es war ebenfalls Herzog Karl, der die Idee hatte, die günstige Südlage des Berges auszunutzen, um hier einen Weinberg anzulegen. Mit wärmespeichernden Trockenmauern wurden 1749 unterhalb des Schlosses schmale Terrassen geschaffen, die durch eine Vielzahl steiler Treppen verbunden sind. Herzog Karl wollte Pfälzer Weinbauern ansiedeln, doch aus unbekannten Gründen scheiterte das Projekt. Die Terrassen wurden dann durch den Amtmann genutzt. Ob er wirklich Wein anbaute oder doch nur Obst und Gemüse, ist nicht überliefert. Im 19. Jahrhundert verfielen die Terrassen. Sie sind heute mit zahlreichen Obstbäumen bestanden. Von hier hat man einen wundervollen Blick auf die Weser.

Das Schloss beherbergt die Porzellanmanufaktur und liegt an der Ortsdurchfahrt von Fürstenberg.

Die Schlossterrassen sind öffentlich zugänglich.

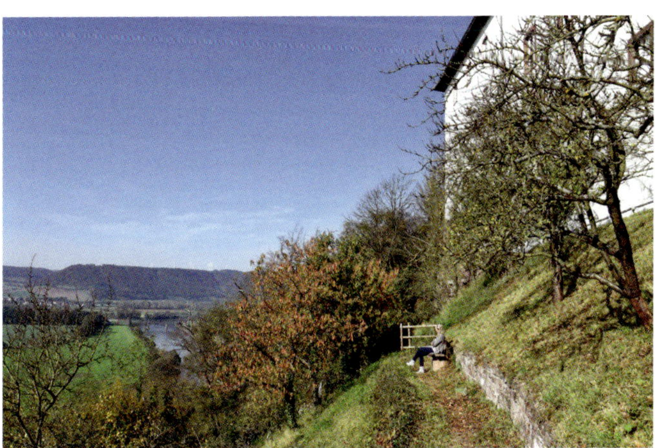

Terrassengarten

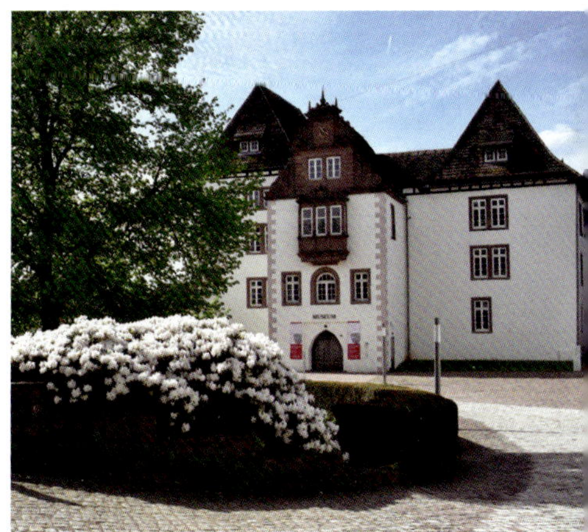

Schlosshof

SCHLOSS WEHRDEN

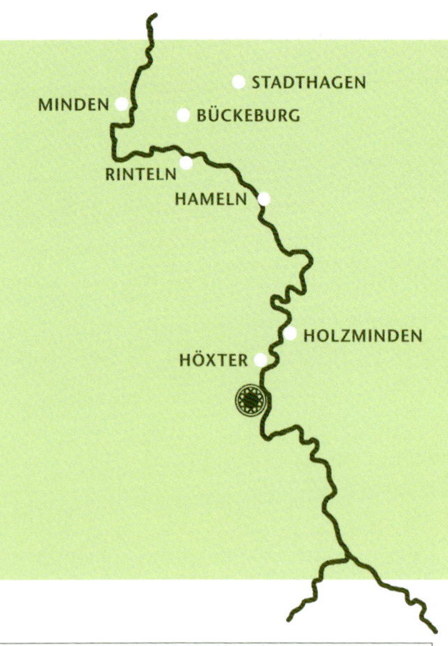

Schloss Wehrden wurde um 1700 vom Paderborner Fürstbischof Hermann Werner von Wolff-Metternich auf den Resten einer älteren Wasserburg errichtet. Teile des ehemaligen Wassergrabens haben sich auf der Vorderseite des Schlosses erhalten, allerdings ist er heute mit Rasen bewachsen. Verschiedene ehemalige Wirtschaftsgebäude und Stallungen sind dem Schloss vorgelagert und bilden einen geschlossenen Hof. Hervorzuheben ist das turmartige Taubenhaus, das bei keiner herrschaftlichen Anlage fehlen durfte. Nördlich des Schlosses steht ein dreigeschossiger Turm, der um 1600 erbaut wurde. Hier wohnte Annette von Droste-Hülshoff, wenn sie ihre Verwandten in Wehrden besuchte (vgl. auch Bökerhof).

Hinter dem Schloss liegt der Park, der sich ursprünglich nur auf dem Gelände unmittelbar um das Schloss herum erstreckte. Mauerreste mit einem kleinen steinernen Häuschen markieren die ehemalige Grenze des Gartens. Um 1900 wurde der Park erweitert, so dass er nun fast bis an die Weser heranreicht. Auf einer weitläufigen, von Kieswegen durchzogenen Rasenfläche stehen zahlreiche alte Solitäre und Baumgruppen, darunter Magnolien, Tulpenbäume, Pyramideneichen, Ginkgo und eine Süntelbuche. Auch hat man von einigen Punkten des Parkes einen schönen Blick auf Schloss Fürstenberg.

Wehrden liegt an der B 83 zwischen Höxter-Godelheim und Beverungen. Das Schloss befindet sich am Ortsrand nahe der Weser. Der Park grenzt an den Weserradweg.

Der Park ist zum Teil öffentlich zugänglich.

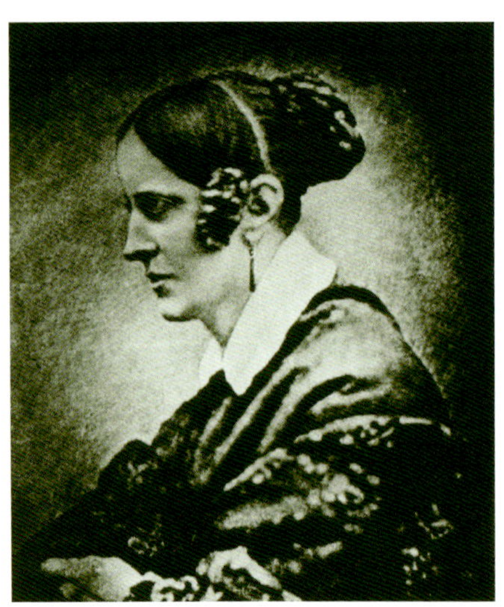

Annette von Droste-Hülshoff

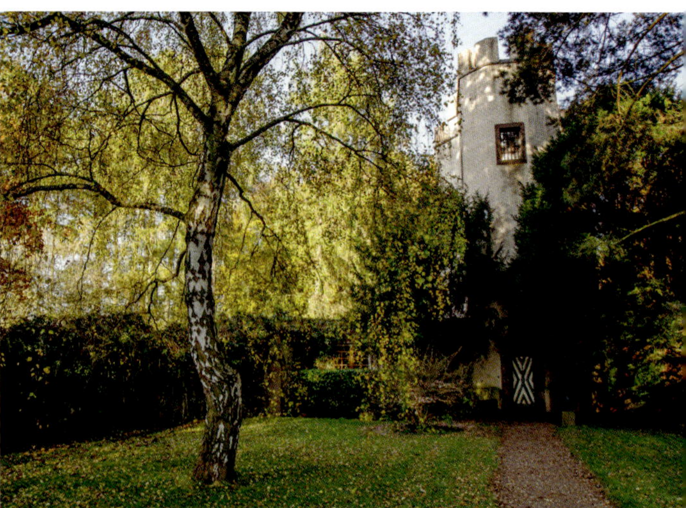

„Droste-Turm“ im Schlosspark – Lieblingsplatz der Dichterin

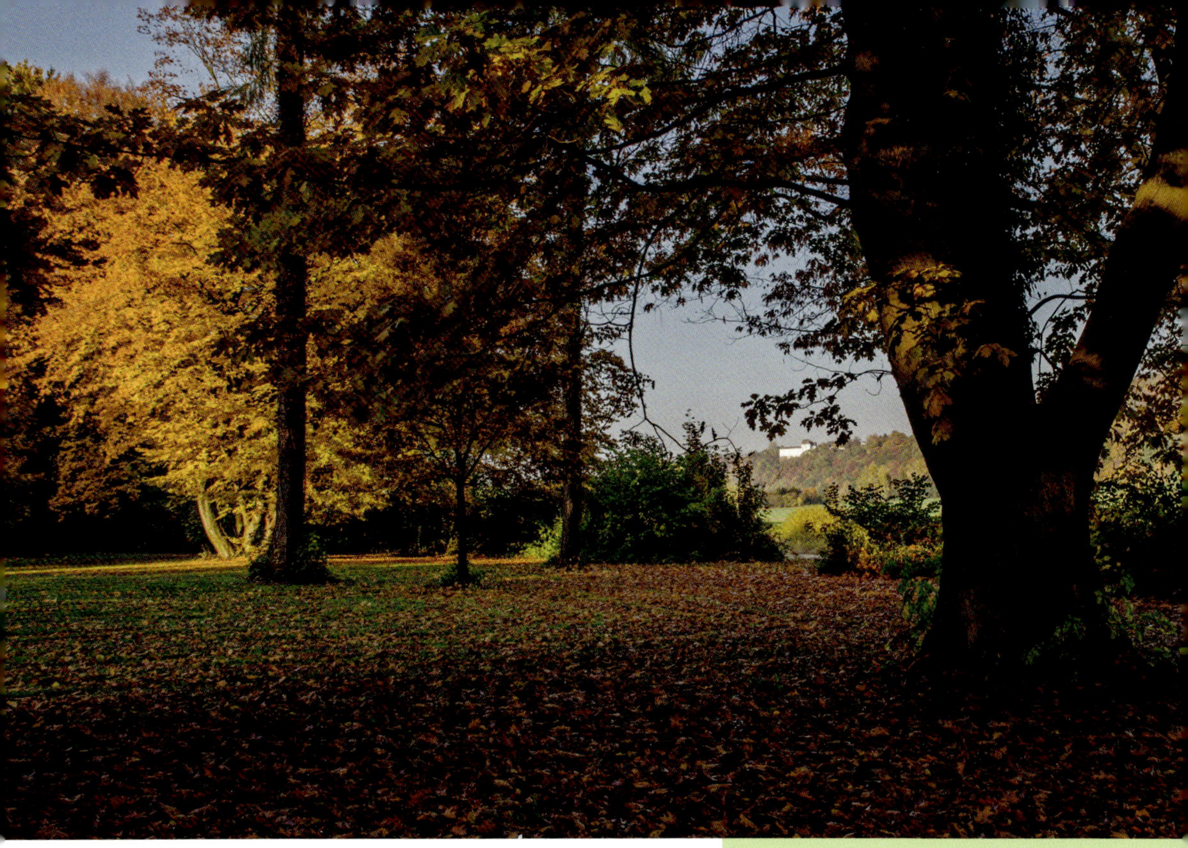

Blick aus dem Park in Richtung Fürstenberg

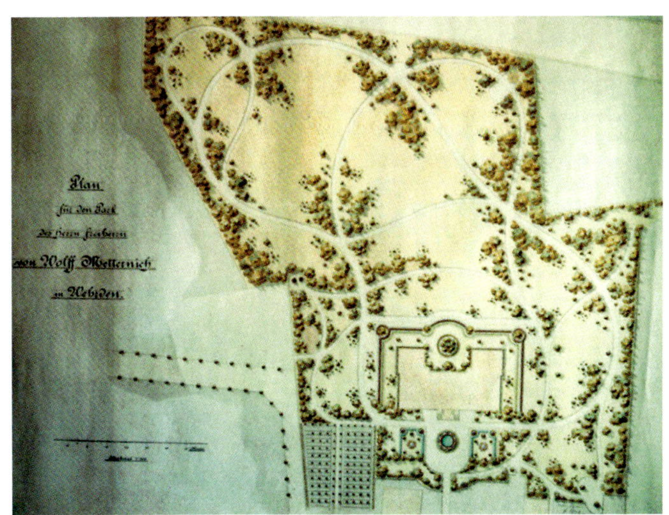

Plan des Schlossparks von 1795

GUT MEINBREXEN

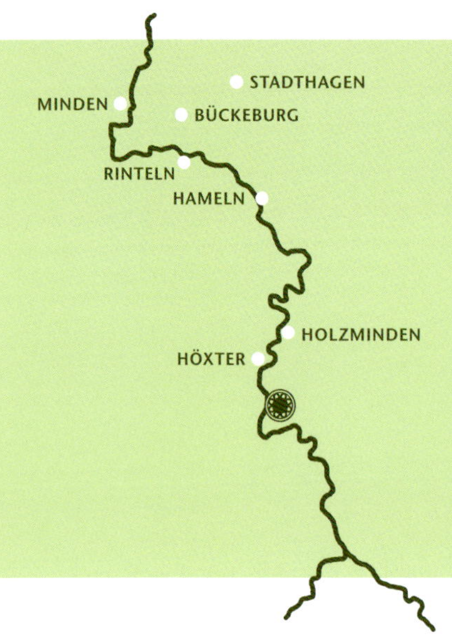

Das Gut Meinbrexen liegt direkt an der Ortsdurchfahrt von Meinbrexen.

Der Garten ist in Privatbesitz und nach Absprache zu besichtigen, Informationen unter www.rittergut-meinbrexen.de und Tel.: (05273) 367280

Das Gut Meinbrexen ist seit dem Jahr 1695 im Besitz der Familie von Mansberg. 1699 entstand unter Margarete von Mansberg, geb. van Duyvense, das heutige Herrenhaus, das zusammen mit zwei kleinen Kavaliershäusern auf einer quadratischen, von einem Wassergraben umgebenen Insel steht.

Der Freimaurergarten ist durch die beiden Enkelsöhne der Erbauerin des heutigen Schlosses entstanden: Johann-Friedrich von Mansberg, Jurist und Freimaurer (1728-1759) und seinen Bruder Adam-Christoph von Mansberg, Jagdjunker und Kammerassessor (1731–1762). Ihr Vater Anton-Adam war im wissenschaftlichen Rat des englischen Königs Georg I. in London tätig, wo beide aufwuchsen. Dadurch kamen sie sehr früh mit der Aufklärung und den ersten Freimaurerlogen in Kontakt.

Die Begeisterung für die Ideen der Aufklärung, die Gemeinschaft und vor allem den symbolischen Ausdruck innerhalb des freimaurerischen Denkens übertrugen die beiden Brüder wie viele andere Freimaurer zu dieser Zeit in ihre Gärten und schufen damit philosophische, kreative und zeitlose Dokumente. Die meisten dieser Gärten sind in den folgenden Jahrhunderten überformt und zerstört worden oder – wie der Garten in Meinbrexen – einfach in Vergessenheit geraten.

Durch einen glücklichen Zufall sind 2011 die freimaurerischen Symbole und Zusammenhänge im Meinbrexer Garten wiederentdeckt worden. Vor diesem Hintergrund soll die Gartenanlage in der nächsten Zeit wiederhergestellt werden.

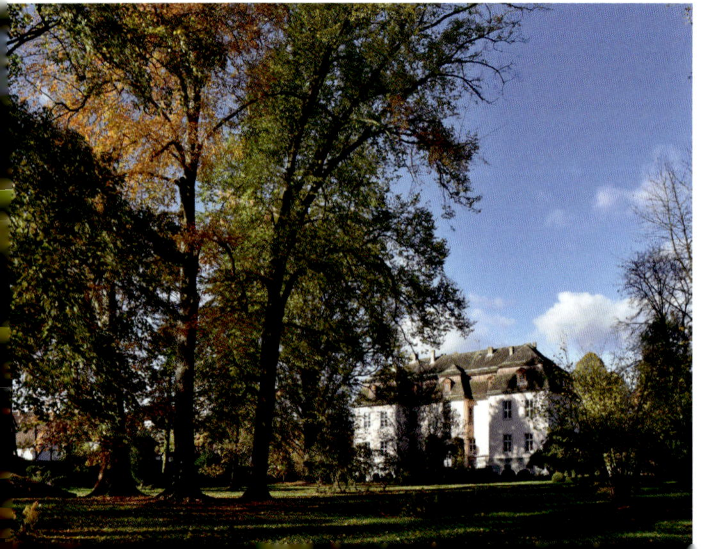

Das ursprüngliche Wegenetz in Form einer Setzwaage (Vorläufer der Wasserwaage) bildet die Grundlage des Gartens (Symbol für inneres Gleichgewicht und Gleichheit aller Menschen). Erkennbar ist diese Form derzeit nur noch durch die geschwungene Außenmauer. Mit diesem Wegesystem wird der philosophische Lebensweg eines Freimaurers dargestellt: Zu Beginn seines Lebens sieht er sich als groben unbehauenen Stein (symbolisiert durch die Grotte am Südende des Parks) und erst nach vielerlei Arbeit an sich und durch Selbstreflexion ist er am Lebensende

Park mit Gutshaus

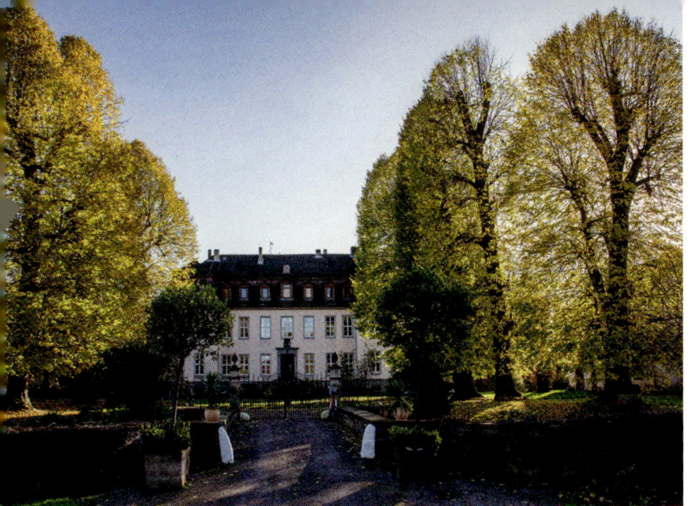

Zufahrt zum Gutshaus

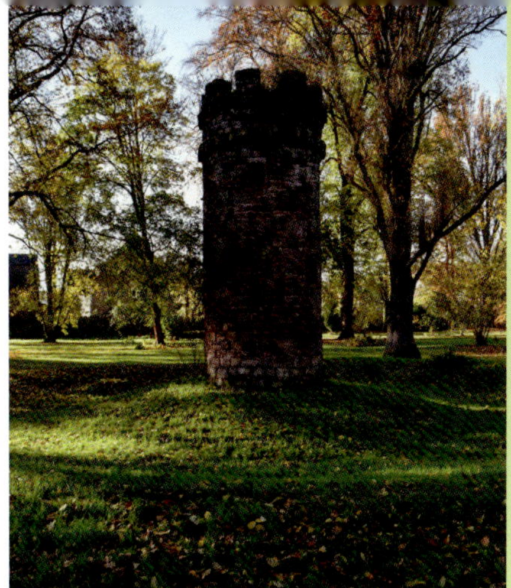

Kleiner Turm

zu einem behauenen Stein geworden, dargestellt durch den Obelisk auf dem Brunnen vor dem Herrenhaus mit der Inschrift „premor ut tollar“ („Nach vieler Müh bin ich zur Höh gekommen“).

Einige Denkanstöße helfen bei dieser Arbeit, die in Form von Symbolen im Garten zu finden sind, wie z.B. der Teich am südlichen Ende als „Himmelsauge“ (Gott schaut auf den Menschen), die drei Bäume Eiche, Buche und Linde für „Stärke, Schönheit & Weisheit“, die Brücke (das Überwinden von Lebenskrisen), das Haus als Sinnbild für den Alltag, der den Menschen prägt, und noch manches andere mehr.

In den philosophischen Teil, den Lebensweg, ist etwa 100 Jahre später ein geometrischer Teil ergänzt worden - ganz im Sinne der Suche des Pythagoras nach der Verbindung von Mathematik und Geometrie mit der Philosophie und den Grundsatzfragen des Lebens.

So bildet der Turm die Spitze eines gleichschenkligen rechtwinkligen Dreiecks, dessen Grundlinie das Lot der Setzwaage bildet. Damit werden die bekanntesten Symbole des freimaurerischen Denkens – also Winkel und Zirkel – dargestellt.

Durch gartengestalterische Raffinesse ist sogar die Kirche mit dem Garten verbunden und damit die Bindung des Hauses Mansberg an den christlichen Glauben manifestiert worden.

Sinn und Ziel des Gartens war und ist heute wieder, sich Gedanken über sich und sein Leben zu machen, zu reifen, und sich selbstkritisch weiterzuentwickeln: „Schau in dich, schau um dich, schau über dich – erkenne dich selbst.“

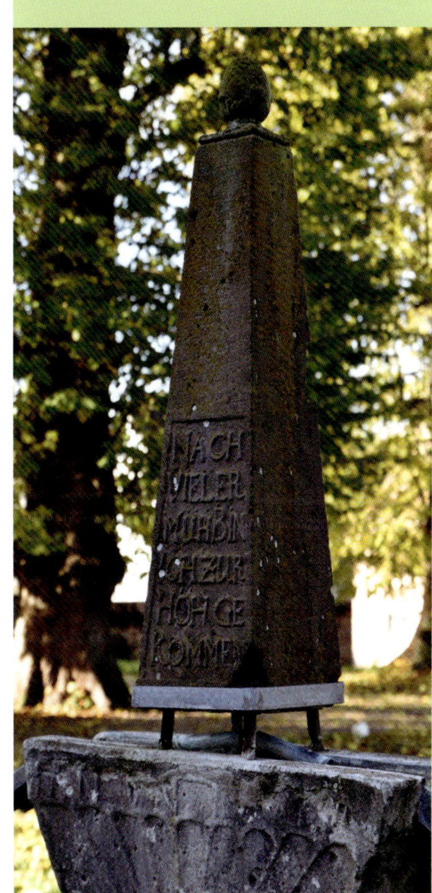

Obelisk mit Sinnspruch

KURPARK BAD DRIBURG

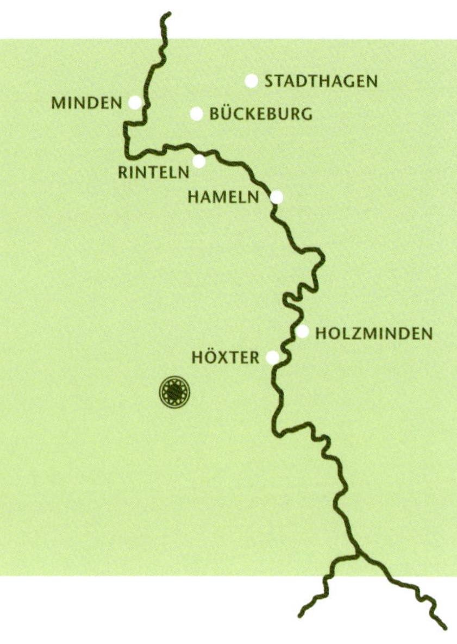

Der Kurpark Bad Driburg ist gut ausgeschildert und über verschiedene Zugänge zu erreichen.

Der Besuch des Kurparks ist von April bis Oktober kostenpflichtig, 8 bis 18 Uhr.

Der gräfliche Park in Bad Driburg verdankt sein Entstehen, wie die meisten Kurparke, einer vorhandenen Heilquelle, um die sich im Laufe der Zeit die Kuranlagen entwickelt haben. In Bad Driburg liegt die Quelle im Kreuzungspunkt zweier Alleen. Alleen zeugen oft von den Anfängen als Kurort, denn die meist vornehmen Kurgäste sollten im Schatten der Bäume flanieren können, frei nach dem Motto „Sehen und Gesehen werden". Die ältere Allee in Bad Driburg ist eine Doppelallee aus Linden, die der Paderborner Fürstbischof Ferdinand von Fürstenberg 1669 anlegen ließ. Die dazu rechtwinklig verlaufende zweite Allee wurde Anfang des 18. Jahrhunderts gepflanzt.

Die Driburger Quellen hatte der Fürstbischof bereits 1665 fassen lassen, um das Heilwasser besser nutzen zu können. Graf Caspar Heinrich von Sierstorpff erwarb 1781/82 den Kurbereich und ließ den Landschaftspark entstehen, der bis zum Ende des 19. Jahrhunderts auf die heutigen 64 Hektar vergrößert wurde. Geschwungene Wege führen den Besucher über weite Rasenflächen und zwischen alten Bäumen hindurch. Immer wieder eröffnen sich neue Blickbeziehungen auf den Teutoburger Wald und in das zum Park gehörige Wildgehege. Ganz nach englischem Vorbild werden die Tiere durch ein sogenanntes „Aha" ferngehalten: Erst beim Näherkommen entdeckt der Spaziergänger den Graben, der das Gehege vom inneren Parkbereich trennt.

Besondere Attraktionen sind ein Labyrinth, der Hecken- und Rosengarten, sowie die Lilienwiese des französischen Gartenarchitekten Gilles Clémont und der Stauden- und Gräsergarten

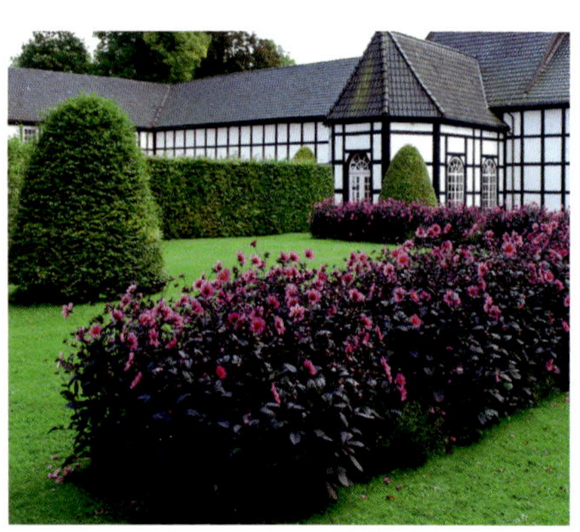

Historische Badehäuser

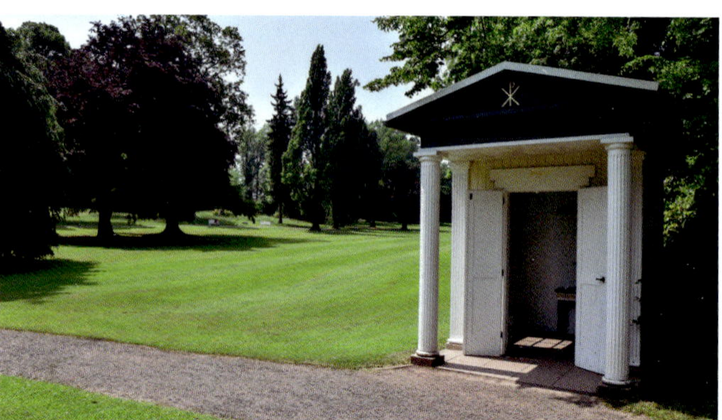

Kapelle im Park

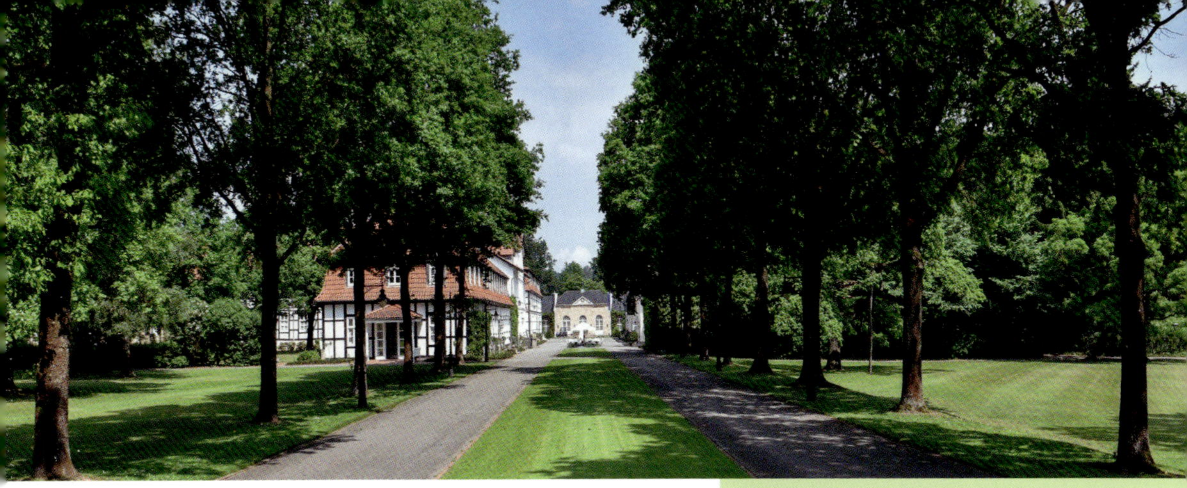

Lindenallee

des niederländischen Gartenkünstlers Piet Oudolf, der 2009 einen blühenden Fluss aus 80 Pflanzenarten kreiert hat. Zwiebelpflanzungen von Jacqueline van der Kloet beleben diesen Parkteil schon im Frühjahr.

Die vorhandene Architektur stammt aus dem Klassizismus und Frühbiedermeier und bietet den Hintergrund für aufwendige Wechselbepflanzungen. Die Brücken im Park sind historischen Vorbildern nachempfunden. Auf dem angrenzenden Rosenberg befindet sich das Mausoleum der Familie von Oeynhausen-Sierstorpff.

1796 verlebte der Dichter Friedrich Hölderlin sechs glückliche Wochen im gräflichen Park. Er war hier aber nicht allein, sondern in Begleitung der von ihm angebeteten und geliebten Bankiersgattin Susette Gontard aus Frankfurt. Als „Diotima" setzte er ihr ein literarisches Denkmal. Im Park erinnert der „Hölderlin-Hain" und der ihm zugewandte Teich mit der Diotima-Insel daran.

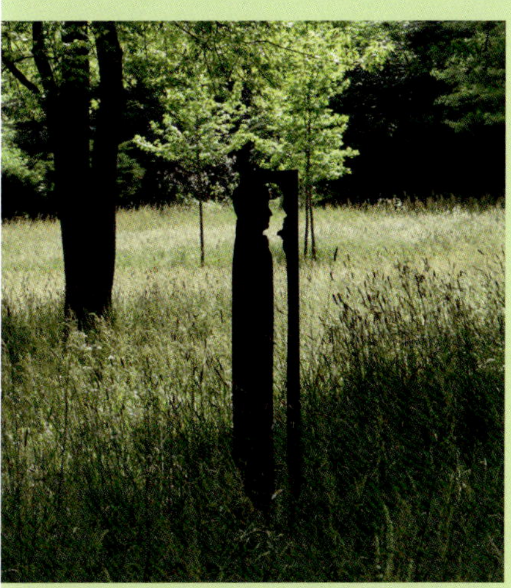

Hölderlin-Hain

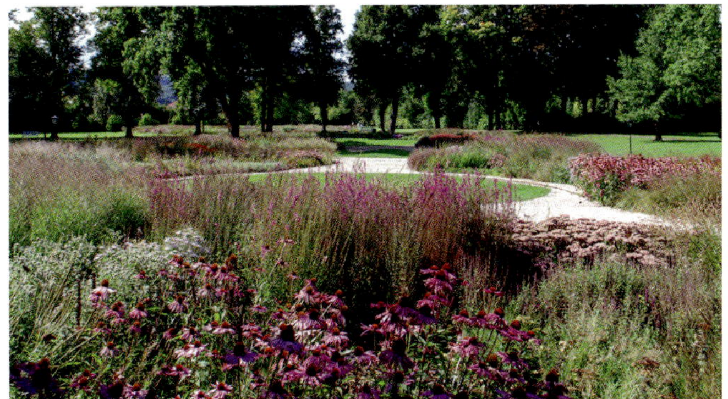

Piet-Oudolf-Garten

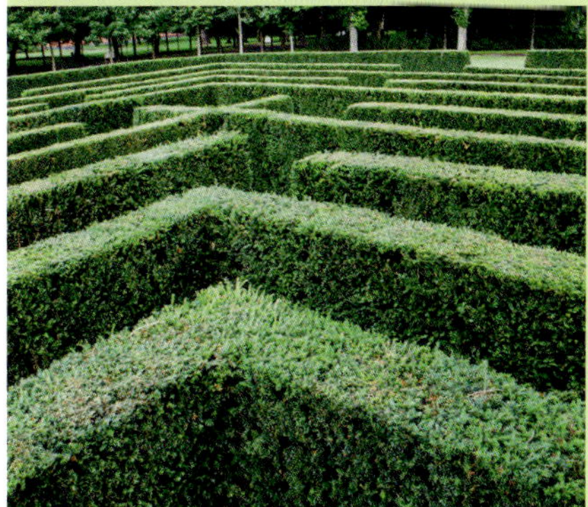

Labyrinth

TIERGARTEN SABABURG

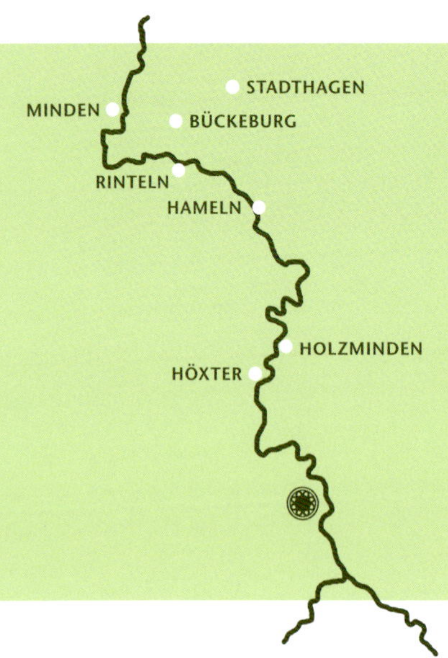

Die Sababurg liegt mitten im Reinhardswald und ist weiträumig ausgeschildert.

Der Tiergarten ist ganzjährig geöffnet. Eine Besichtigung des Burggartens ist von April bis Oktober möglich.

Die Sababurg wurde 1334, damals noch als „Zappenborgk", zum Schutz des nahen Pilgerortes Gottsbüren gegründet. Ende des 15. Jahrhunderts errichteten die Landgrafen von Hessen hier inmitten des Reinhardswaldes ein Jagdschloss. Anfang des 19. Jahrhunderts wurde die Sababurg als Wohnsitz aufgegeben; sie verfiel und wurde von der Vegetation überwuchert, so dass man das Schloss schon bald als den Ort von Dornröschens Schlaf ansah. Erst in den 1960er Jahren wurde es wachgeküsst und beherbergt heute ein Hotel mit Gastronomie.

Der Tiergarten zu Füßen der Sababurg wurde um 1570 gegründet. Es handelte sich dabei anfangs schlicht um ein Waldgebiet, welches zunächst eingezäunt, ab 1590 dann von einer Mauer umschlossen war. Die vier Meter hohe und viereinhalb Kilometer lange Mauer mit ihren vier Toren ist noch heute erhalten. In dem umfriedeten, 132 Hektar großen Areal hielt man heimisches Hoch- und Niederwild für die Jagd vor, aber auch fremde und exotische Tiere, wie dänisches Damwild, Gemsen, Steinböcke, weiße Hirsche, Elche und Rentiere, später auch indianische Hirsche und Auerochsen. Die meisten dieser weitgereisten Tiere fühlten sich aber nicht wohl, so dass die dauerhafte Vermehrung nicht gelang. Außerdem gab es auch Teiche für die Fischzucht.

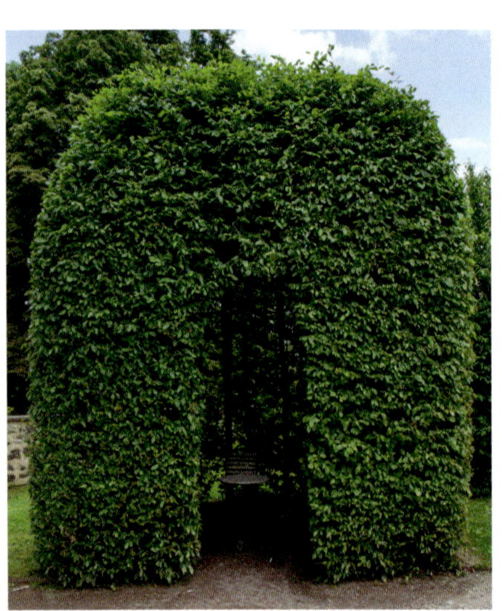

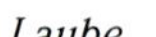

Laube

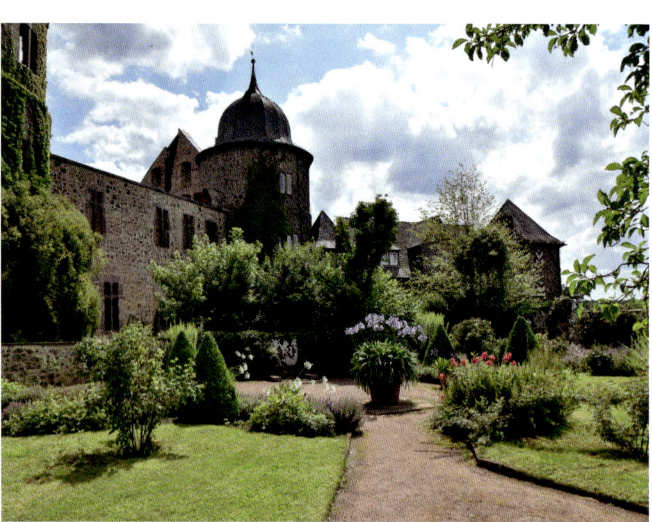

Burggarten

Ab 1770 wurde für die in Mode gekommene Parforcejagd ein sechsstrahliger Jagdstern innerhalb des Waldbestandes angelegt. Der Mittelpunkt, ein großer runder Platz, war mit Nadelgehölzen bepflanzt, die durch den Kontrast zu den umgebenden Laubbäumen auch aus der Ferne gut auszumachen waren. Die Hauptachse des Sterns verlief von der Burg über das zentrale Rondell zu dem „Roten Tor" in der Mauer, von wo ein Weg weiter nach Hofgeismar führte. Sie wurde von einer Eichenallee gesäumt und der Boden war mit Rasen bewachsen. Die übrigen vier Achsen endeten blind vor den Mauern und bestanden zunächst aus einfachen Schneisen im Wald. Ende des 18. Jahrhunderts wurden auch sie als Eichen- und Buchenalleen gestaltet. Dazu kam eine weitere Sichtschneise, die sogenannte „Kassler Schneise", die abseits des Jagdsterns vom Kassler Tor zur Burg führte.

Im 19. Jahrhundert kam die Jagd aus der Mode und man verlegte sich mehr auf die Zucht von Kavalleriepferden, wenn auch mit kurzen Unterbrechungen bis etwa 1930 ebenfalls Wild vorhanden war. Um Weiden für die Pferde und Wiesen zur Heugewinnung zu schaffen, holzte man nach und nach den Wald ab, bis sich das Erscheinungsbild schließlich umgekehrt hatte: Wo der Jagdstern einst Schneisen im geschlossenen Wald gebildet hatte, traten jetzt die Alleen in offenem Grasland deutlich hervor. Dieses Bild ist bis heute erhalten geblieben. Einzelne mächtige Eichen auf den Wiesen verstärken den Eindruck einer Parklandschaft. Von vielen Punkten aus hat man einen malerischen Blick auf die auf einem Hügel liegende Burg.

Der Tiergarten ist also durch seine Umfassungsmauer in der Ausdehnung des 16. Jahrhunderts erhalten, die Binnenstruktur stammt aus dem 18. Jahrhundert. Die ursprüngliche Nutzung als Wildgehege wird durch einen 1970 eingerichteten Tierpark mit heimischen bzw. ehemals heimischen Tierarten aufgegriffen.

An der Burg wurde in den letzten Jahren ein neuer Burggarten geschaffen. Er liegt erhöht auf einer alten Bastion. Neben den Rabatten mit Stauden, Sommer- und Zwiebelblumen sind es insbesondere die vielen alten Rosensorten, die den Garten auszeichnen. Entlang der Burgmauer hat man einen weiten Blick auf den Tiergarten.

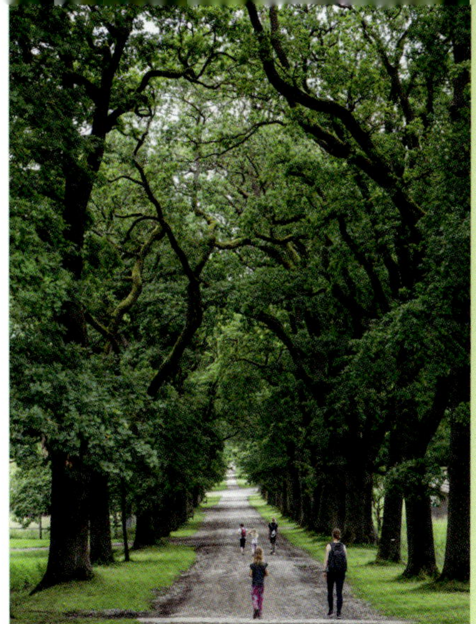

Eichenallee

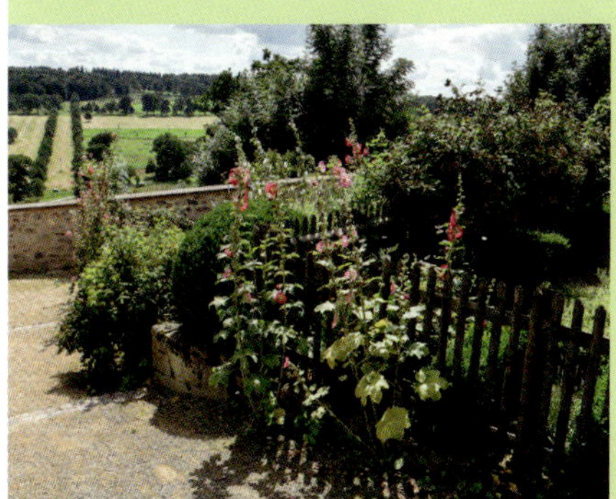

Blick vom Burggarten auf den Tierpark

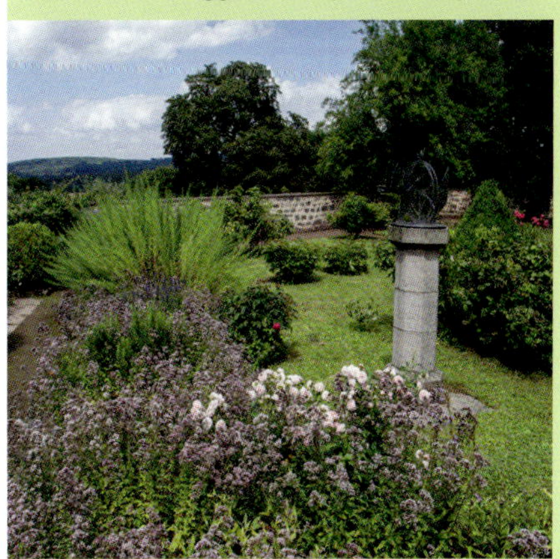

Im Burggarten

Bücher über Gärten der Region und Gartenkunst im Allgemeinen

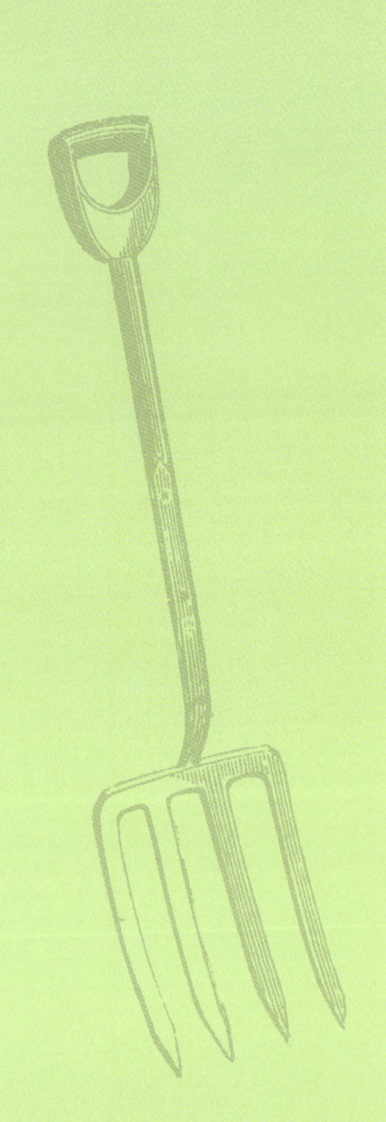

Buttlar, Adrian von: Der Landschaftsgarten. Gartenkunst des Klassizismus und der Romantik. Köln 1989

Bazin, Germain: DuMont's Geschichte der Gartenbaukunst. Köln 1999

Bischoff, Michael / Schönlau, Rolf: Weser & Renaissance. Wege durch eine Kulturregion. Holzminden 2007

Brüdermann, Ute: Das Schaumburger Land. Ein Reiseführer zu Kunst und Kultur. Bielefeld 2016

Curtius, Jutta: Gutspark Westerbrak. Gartendenkmalpflegerische Beiträge zur Erhaltung, Pflege und Entwicklung. In: Stadt und Grün 4/98, 273-277

Dormann, Henning / Radke, Kim Marius: Kurpark Bad Nenndorf – 200 Jahre Entwicklung und Vorschläge zum gartendenkmalpflegerischen Umgang in der Zukunft, Fachbereich Landschaftsarchitektur Universität Hannover. Hannover 2004

Dormann, Henning: Der Hofgärtner George Wilhelm Homburg (1763-1821) – Seine Biographie und sein Wirken am Beispiel der Karlsaue in Kassel, von Remeringhausen und Exten. Diplomarbeit Universität Hannover. Hannover 2004

Formann, Inken: Gartenkultur hinter Klostermauern. Die Gärten des Stiftes Fischbeck – ein Beispiel für die Anlagen niedersächsischer Damenstifte. In: Stadt und Grün 9/2003, S. 26-31

Garfs, Joachim: Ein heiterer Platz der Freude. Die ungewöhnliche Geschichte der Kurparkanlagen von Bad Pyrmont. Bad Pymont 1991

Glaßl, Frank: Der Tiergarten Sababurg. Geschichte einer Parkanlage zwischen Gartenkunst und Forstästhetik und Probleme ihrer Erhaltung. In: Die Gartenkunst 1/1989. S. 47-66

Gothein, Marie Luise: Geschichte der Gartenkunst. 2 Bände. Jena 1926, Neudruck München 1997

Hansmann, Wilfried: Gartenkunst der Renaissance und des Barock. Köln 1983

Hennebo, Dieter: Gärten des Mittelalters. München Zürich 1987

Hennebo, Dieter & Alfred Hoffmann: Der Landschaftsgarten. Hamburg 1963

Hennebo, Dieter & Alfred Hoffmann: Der architektonische Garten. Renaissance und Barock. Hamburg 1965

Historische Gärten in Niedersachsen. Katalog zur Landesausstellung. Hannover 2000

Hohmuth, Jürgen: Labyrinthe & Irrgärten. München 2003

Höing, Hubert (Hg.): Träume vom Paradies. Historische Parks und Gärten in Schaumburg. Melle 1999

Kirsch, Rolf: Frühe Landschaftsgärten im niedersächsischen Raum. Göttingen 1993

Kalusok, Michaela: Schnellkurs Gartenkunst. Köln 2003

Laird, Mark: Der formale Garten. Architektonische Landschaftskunst aus fünf Jahrhunderten. Stuttgart 1994

Hohmuth, Jürgen: Labyrinthe & Irrgärten. München 2003

Mitzkat, Jörg: Das Weserbergland. Bilder und Texte aus einer erlebnisreichen Kulturlandschaft. Holzminden 2010

Mosser, Monique & Georges Teyssot: Die Gartenkunst des Abendlandes. Stuttgart 1993

Saudan-Skira, Sylvia & Michael Saudan: Orangerien. Paläste aus Glas von 17. bis zum 19. Jahrhundert. Köln 1998

Schaumburger Landschaft (Hrsg.): Schaumburger Land. Eine kleine Landeskunde. Braunschweig 2013

Schomann, Rainer; Jagdschloß Baum. Kulturdenkmal des Spätbarock. Hannover 1994

Schwefel, Schlamm und Sole. Beiträge zur Geschichte der Stadt Bad Nenndorf. Bad Nenndorf [o.J.]

Schweinitz, Anna-Franziska von: Die landesherrlichen Gärten in Schamburg-Lippe von 1647-1918. Worms 1999

Wimmer, Clemens Alexander: Bäume und Sträucher in historischen Gärten. Gehölzverwendung in Geschichte und Denkmalpflege. Dresden 2001

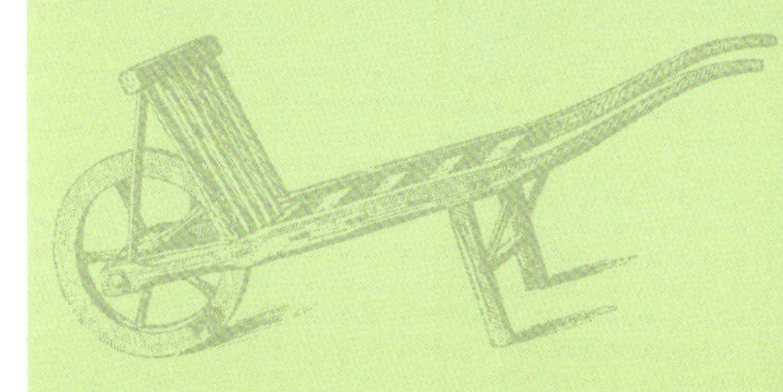

Register

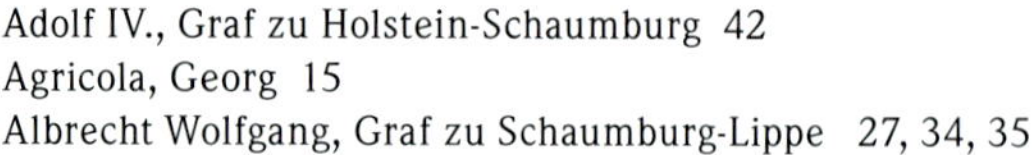

Adolf IV., Graf zu Holstein-Schaumburg 42
Agricola, Georg 15
Albrecht Wolfgang, Graf zu Schaumburg-Lippe 27, 34, 35

Blum, Rudolf von 56

Charlotte, Gräfin zu Schaumburg-Lippe 26

Dirks, Werner 73
Droste-Hülshoff, Annette von 82, 84

Fallersleben, August Heinrich Hoffmann von 79
Friedrich Christian, Graf zu Schaumburg-Lippe 26

Georg, Fürst zu Schaumburg-Lippe 27, 37
Georg Friedrich, Fürst von Waldeck und Pyrmont 70
Großer Garten Hannover-Herrenhausen 9
Gobert (französische Generalgouverneur) 42

Hake, Adolph-Christoph von 58
Hake, Christian Ludwig von 64, 65
Hake, Ernst Adolph von 64, 65
Hake, Fritz von 52
Hake, Georg Adolph von 65
Hammerstein, Agnes von 76
Hammerstein, Börries von 22
Hammerstein, Dorothea Eleonore von 47
Hauptmann, Gerhart 40
Haxthausen, Werner Adolph von 82
Hedwig, Fürstin zu Schaumburg-Lippe 26
Hedwig Sophie (Landgräfin von Hessen-Kassel) 42
Hermann, Fürst von Pückler-Muskau 78
Hermine, Fürstin zu Schaumburg-Lippe 38
Homburg, George Wilhelm 12, 17, 18, 22, 24, 25, 42-45, 49
Hortus Palatinus, Heidelberg 7

Janssen, Heinrich 59
Jekyll, Gertrude 76
Johann Ludwig, Graf von Wallmoden-Gimborn 40
Johanne Sophie, Gräfin zu Schaumburg-Lippe 26
Juliane, Fürstin zu Schaumburg-Lippe 14, 36, 39, 40
Jürgens, Rudolph 54

Karl I., Herzog von Braunschweig-Wolfenbüttel 81
Karlsaue, Kassel 67
Kienast, Dieter 12, 50
Klencke, Jürgen von 6
Klencke, Leopold von 68
König, Fritz 54

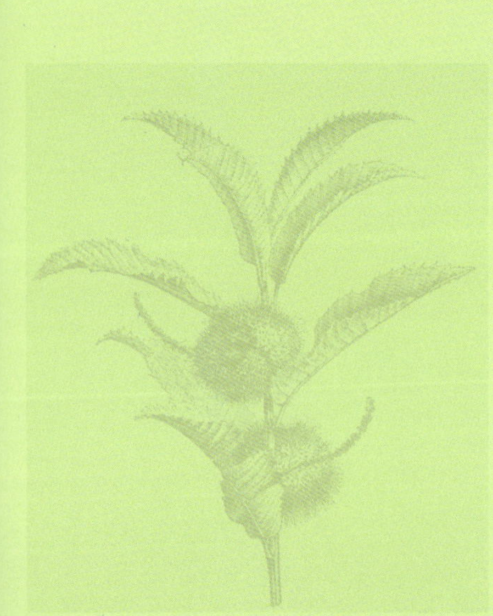

Laves 64, 69
Le Nôtre, André 8
Liszt, Franz 40
Lüer, Otto 56

Maria Eleonore, Gräfin zu Lippe-Biesterfeld 32
Marianne von Westphalen zu Heidelbeck 82
Marie Anna, Fürstin zu Schaumburg-Lippe 27
Mattern, Hermann ?
Maxwald, Franz 37
Meding, Friederike Charlotte von 68
Menzel, Alfred 38
Münchhausen, Börries von 20
Münchhausen, Charlotte von 24
Münchhausen, Georg von 24
Münchhausen, Hilmar von 6
Münchhausen, Ludolf von 24
Münchhausen, Otto I. von 66
Münchhausen, Otto II. von 44, 66, 67

Palladio, Andrea 53
Peter der Große, Zar 55, 66
Philipp Ernst, Fürst zu Schaumburg-Lippe 36

Residenzgarten Würzburg 67
Ry, Simon Louis du 16
Saldern, Ilse von 74
Schulenburg, Fritz von der 74
Sophie (Kurfürstin, Hannover) 55

Thon, Carl 19, 49
Trip, Julius 36, 56, 73

Vagedes (Hofarchitekt) 14
Vauban 42
Vaux-le-Vicomte 8
Veitshöchheim, Garten 67
Villa Rotonda 53

Wartensleben, Christian Philipp von 44
Wilhelm, Graf zu Schaumburg-Lippe 14, 30, 32, 33, 35, 36
Wilhelm II., Kaiser 46
Wilhelm IX., Landgraf von Hessen-Kassel 15, 16, 17
Wobersnow, Arnd von 62
Wolff-Metternich, Hermann Werner von 84
Wörlitz 39

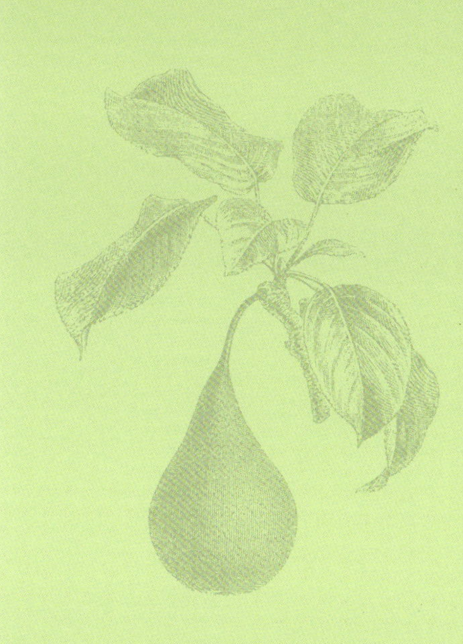

Bildnachweis

Sigmund Graf Adelmann	11 (oben), 12 (oben), 24, 25 (oben links und rechts), 29, 33 (unten), 35 (unten), 36 (oben), 37, 38 (unten), 39 (rechts), 40 (unten), 41 (Mitte und unten), 50, 51, 52, 53, 54, 55, 57, 58
Familie von Schöning	25 (unten rechts)
Henning Dormann	9 (unten), 16, 19, 20, 21, 22, 23 (rechts oben, unten links und rechts), 27 (Mitte und unten), 28 (unten links), 34 (unten links), 44, 45 (oben), 59, 66, 67, 88 (unten links), 89 (unten), Umschlagklappe oben rechts, unten links
Sigurd Elert	10, 48 (2), 69 (unten), 82, 83
Rolf Fischer	28 (unten rechts), 49
Fürstliche Hofkammer	31
Gräflicher Park Bad Driburg	Umschlagklappe unten rechts
Hessisches Landesarchiv Abteilung / Staatsarchiv Marburg	17 (unten) , 43 (oben)
Ulrich Kirmes	17, 43 (unten)
Kurpf. Museum Heidelberg	7 (oben)
Landschaftsverband Westfalen-Lippe	85
Museum im Schloss, Bad Pyrmont	70, 72 (Mitte)
Nds. Landesarchiv, Bückeburg	7, 27, 32, 33, 34, 36, 42, 45
Hansjörg Ulf Schneider	46, 47
Universitäts- & Landesbibliothek Münster	84 (links)
Bernhard Volmer	23 (oben)
Werkverzeichnis Anton Wilhelm Strack	15, 18, 39 (unten), 41 (oben)

Alle anderen: Jörg Mitzkat (53)

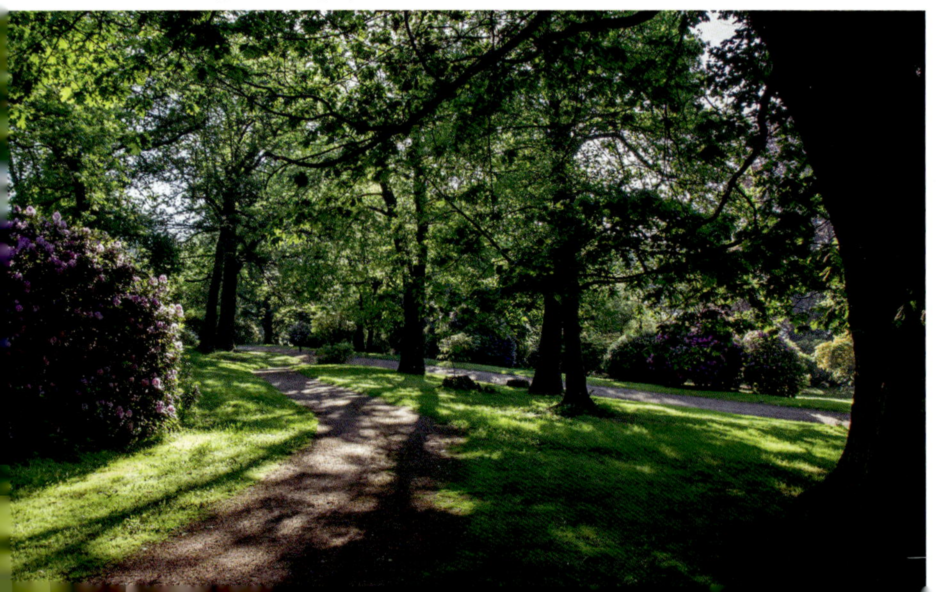